KB217935

001

001 바드라칼리Bhadrakālī와 팔모신八母神. 가우탐 라트나 바즈라차르야Gautam Ratna Bajracharya 씨의 그림.(개인 소장) 바드라칼리 사원의 천개도를 그린 것이다. 그림 130~139 · 158 참조.

002   003

004   005

002 팔모신 중의 하나인 브라흐마니Brahmāṇī. 브라흐만의 아내.
　　개인 소장 사본.(파탄 시에서)
003 루드라니Rudrāṇī. 루드라(시바)의 아내.
004 카우마리Kaumārī. 쿠마라의 파트너.
005 바이슈나비Vaiṣṇavī. 비쉬누의 아내.

006

007

008

009

006 바라히Vārāhī. 바라하(산돼지=비쉬누의 화신)의 아내.
007 인드라니Indrāṇī. 인드라의 아내.
008 차문다Cāmuṇḍā. 야마의 아내.
009 마하락슈미Mahālakṣmī. 제8의 모신母神으로 후세에 참가하였다.

010

010 바드가온Bhadgaon(박타푸르 시)의 탈레쥬 사원(그림 170 참조) 앞에 서 있는 어머
니와 아이 두 명과 소녀. 이 두 여성은 하반신에 빨간 헝겊테에 특별히 검은 천을 두
른 파루시를 입고 있다. 파루시를 입는 곳은 네팔 사람이 가장 많고, 주로 농업에
종사하는 카스트인 쟈프 여성들이다.[1] 1982년 8월.

011

011 카트만두Kathmandu 시의 파슈파티나트 사원(그림 034 참조) 부근의 쟈야바레스바리Jayabageshwari 사원 본당 앞에 가이 쟈트라Gai jātrā 축제 행렬을 보기 위해 모인 사람들. 1982년 8월.

012

012 무시무시한 여신 칼리는 여신 두르가의 명령을 받고 마신들의 군대를 공격했다. 칼리의 입 속으로 말(馬)이 삼켜 들어가고 있다.《여신의 위대함》(DM)에 포함되어 있는 세 가지 일화 중 제2, 제3을 묘사한 화집에서. 네팔 고고국 고문서관 소장.[2]

013 여신 칼리는 마신 찬다Caṇḍa의 목을 잘랐다.[3]

014 흘러나온 자기의 피에서 또 다른 분신을 낳는 악마의 신 락타비자Raktavīja(피를 종자로 하는 자)를 칼리 여신이 삼켜 버린다.[4]

013

014

015 팔모신의 하나인 루드라니Rudrāṇī   016 시바의 외포상 바이라바

017 카우마리Kaumārī

018 사자를 타고 있는 바이라바

019 차문다Cāmuṇḍā　　　　020 뱀을 타고 있는 바이라바

021 바라히 Vārāhī

022 말을 타고 있는 바이라바

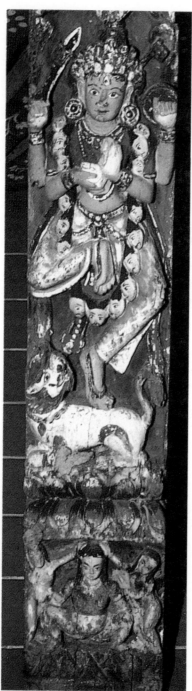

023 마하락슈미Mahālakṣmī

024 인간(아귀?)을 타고 있는 바이라바

025 바이슈나비Vaiṣṇavī

026 개를 타고 있는 바이라바

027 인드라니Indrāṇī

028 가루다Garuḍa조를 타고 있는 바이라바

029 브라흐마니Brahmāṇī

030 산돼지를 타고 있는 바이라바

031

031 마주 보아 왼쪽부터 카마루 카마크스야 데비, 마나 카마나, 다킨 칼리.[5] 카트만두 시
　의 타멜Thamel 지구. 왕궁의 경사진 맞은편에 위치한다. 이들 세 개의 힌두 사원
　에서는 매일 여신들에게 〈공양제〉(푸자)를 행하고 있다.
032 카시 비스바나트Kásī Viśvanāth 사원.[6] 바드가온 시.

033

033 라니 포카리Rani Pokhari로 불리는 연못 안에 사원이 있다.
카트만두 시를 남북으로 달리는 넓은 길 칸티 파트에 인접해 있는 시의 중심부.

034

034 파슈파티나트 사원.
〈파슈파티〉(동물의 주인)란 시바신을 의미하고, 〈나트〉는 여기에서는 초능력자를 의미한다. 카트만두 분지에서 가장 큰 힌두 사원.

035

035 파탄 시의 다르바르 스퀘어Durbar Square. (옛 왕궁 광장)
사진 오른쪽 끝은 순다리 쵸크Sundari Chowk. (그림 037 참조)

036

036 크리슈나Krishna 사원. 파탄 시. 8월에 행해지고 있는 수많은 크리슈나신의 탄생제
때는 화려하게 차려입은 여성들이 크리슈나의 〈아내〉가 되기 위해 몰려온다.
(그림 177 참조)

037 순다리 쵸크7)의 안뜰에 있는
〈왕을 위한 목욕탕〉.
그림 174는 이 목욕탕 중앙부에 있는
비쉬누신을 도안화한 것이다.

038 카시 비스바나트Kāsī Viśvanāth 사원(그림 032) 일층 정면의 중앙부.
의례는 이 앞에서 행해진다. 탄트리즘 방식으로 신은 〈구멍〉으로 상징되어 있다.

039

039 바드가온 시의 옛 왕궁에 있는 탈레쥬Taleju 사원의 입구 토라나 최상부. 중앙의 여
신 탈레쥬는 〈물소의 마신을 살해한 여신〉의 모습을 취하고 있고, 가루다조를 탄
비쉬누의 비 바이슈나비Vaiṣṇavī의 모습으로 묘사되어 있다. 순다리 쵸크의 목욕탕
조각(그림 037)에서 볼 수 있는 것처럼 왕과 비쉬누는 밀접한 관계가 있지만, 여기에
서도 마라 왕조의 수호신 탈레쥬는 비쉬누의 비로 묘사되어 있다. 이 입구 전체에 관
해서는 그림 195~203 참조.

040

040 부타Bhūta.(죽은 영혼) 카트만두 시 옛 왕궁 근처에 있는 코끼리 머리 모양을 하고
있는 지혜의 신 가네샤Ganeśa의 사당 바깥면. 시바의 아들 가네샤는 시바의 추종자
(가나)의 주인(이샤)이다. 부타는 가나의 일종.

041

041 칸카라Kaṅkāla.(해골존) 그림 040과 같이 가네샤 사당의 바깥면. 부타와 같은 시
　　바 추종자(가나)의 일종.

042

042 팔모신八母神의 꼭두각시 인형(1) 카트만두에서, 1984년 8월.

043

043 팔모신의 꼭두각시 인형(2) 카트만두에서, 1984년 8월.

044

044 시바신의 아들 카르티케야Kārtikeya.(스칸다)
하디가온 바가바티Hadigaon Bhagavatī 사원의 중존. 카트만두.

045

045 바갈라무키Bagalāmukhī 여신의 상징인 구멍.
     바갈라무키 사원. 파탄 시.

046

046 바드라칼리Bhadrakālī 사원의 중심부.
여신 바드라칼리(맞은편 오른쪽 끝)에게 꽃과 쌀을 공양물로 바친다.
〈공양제〉(푸쟈), 또는 염소와 닭의 피를 바치는 〈바리〉가 행해진다.
그림 159~162 참조.

女神들의 인도

INDIA OF GODDESSES
Mother-Goddesses and Maṇḍala

立川武蔵
著

金亀山
訳

東文選

女神たちの インド
ⓒ 立川武蔵, 1990, せりか書房

한국어판 서문

《女神들의 인도》가 졸저 《曼茶羅의 神들》에 이어 한국어로 출판되게 되었다. 나의 변변찮은 시도가 결실을 보아 전통을 지닌 사람들에게 전해진다는 일은 무엇보다도 기쁜 일이며, 번역과 출판에 애써주신 분들에게 깊은 감사를 드린다.

〈어머니〉란 한 생명을 낳고, 그리고 길러주는 존재이다. 생명은 죽은 후 〈어머니〉인 대지로 돌아간다고 한다. 대지에서 태어나서 그 위에서 생활하며, 그리고 다시 그곳으로 돌아가는 〈삶(生)의 기본적인 유형〉은 1세기 이전까지는 대지, 즉 자연의 손에 맡겨져 있었다. 적어도 대지에서 자라난 생물체가 대지, 혹은 지구에서 생물의 〈삶의 기본적인 유형〉을 어긋나게 하는 듯한 사태는 없었다. 그러나 이 1세기 사이에 우리들 인간은 지구의 역사 속에서 당치도 않은 무시무시한 일 ─ 적어도 이제까지는 없었던 일 ─ 을 행하였고, 지금까지도 그 행위를 계속하고 있다.

우리들이 이 1세기, 특히 제2차 세계대전 이후에 세계적인 규모로 이루어 놓은 일은 결코 자연과학의 승리도 아니고 산업기술의 발전도 아니다. 물론 자연과학의 추진과 기술개발에 의해 지구상의 인간 대부분이 이전보다 〈좀더 나은 생활〉을 즐기고 있으며, 의학의 발달로 이전에는 생각할 수도 없었던 수명을 누리게 된 것도 사실이다. 그러나 그와 같은 좋은 점이 있다고 해서 다른 위험을 잊어도 좋다는 것은 아니다. 과학의 승리·기술발전이라 하기엔 우리들 주변에 너무나도 많은 위험이 도사리고 있기 때문이다.

인도에는 다른 민족과 마찬가지로 〈어머니〉·〈母神〉, 그리고 〈여신〉이 활약하고 있다. 그들은 생명이 있는 것을 낳아서 기르는 에너지가 있는 에너지의 母體인 것이다. 혹은 생명 있는 것을 낳고 기르는 에너지가 있는 모체를 인도 사람들은 〈모신〉, 혹은 〈여신〉이라 부른다고 말하는 쪽이 정확한 표현이겠다. 이 책의 목적은 인도의 여신, 특히 大地母神의 한 종류로 생각할 수 있는 〈七母神〉(혹은 팔모신)에 대한 숭배사상의 고찰을 통해 현대에 있어서 〈어머니〉가 의미하는 것을 더듬으려는 데 있다.

이 책에서 다루고 있는 여신들의 圖像 대부분은 네팔의 카트만두 분지에 있다. 네팔과 인도는 다른 문화권이지만 칠모신 혹은 팔모신은 인도에서 생겨난 여신들이며, 네팔과 힌두이즘의 전통 속에서 자라고 있다. 그래서 이 책의 제목을 《女神들의 인도》라 하였다. 〈칠모신〉은 중국·한국·일본으로 건너온 여신들이며, 일본에는 오늘날에도 여신 숭배사상이 조금 남아 있어서 이 여신들을 숭배하고 있다.

한국을 방문하고 싶은 나의 바람은 아직 이루어지지 않았다. 그러나 나의 발길이 닿기 전에 이 책이 먼저 방문했다는 것이 무척이나 기쁘다. 이 책이 인도의 여신들에 관해, 그리고 〈어머니〉에 관한 이해에 조금이나마 도움이 된다면 다행스럽겠다.

1992년 6월 25일 오사까에서
다찌가와 무사시(立川武蔵)

역자 서문

본서 《女神들의 인도》는 일본 名古屋大學의 立川武藏 교수의 《女神たちの インド》를 번역한 것이다.

여기에 논의되고 있는 인도는 地理的 개념이라기보다는 宗敎文化的 개념이다. 그런 의미에서 본서의 인도는 힌두교가 집약적으로 형태를 이루고 있는 네팔을 중심으로 하여 고찰된다. 왜냐하면 네팔은 오래된 힌두교의 전통을 순수하게 보존하고 있을 뿐만 아니라, 특히 7세기 후반으로부터 女神들이 힌두교의 전면에 등장한 密敎와 밀접한 관계를 맺고 있기 때문이다. 카트만두 분지는 마치 신들이 모여 사는 거대한 판테온이기도 하며, 그 자체가 하나의 만다라로도 인식되는 것이다.

인도의 우주관은 남성 원리인 시바와 여성 원리인 샥티의 구조로서 파악된다. 즉 우주의 근원적인 원리로서 無時間的 존재인 시바와 우주 에너지인 性力으로서의 샥티와의 合一을 통하여 梵我一如하는 힌두교의 이상을 완성할 수 있다고 믿어지는 것이다. 그러므로 인도의 女神들은 모두가 샥티의 표상들이다.

샥티는 에너지이고 時間的인 존재이며 현상의 운동이고 生滅의 자궁인 것이다. 따라서 어머니의 이미지는 곧 샥티의 표상이 된다. 著者는 어머니의 이미지 속에서 삶과 죽음, 聖과 俗, 혹은 淨과 不淨이라는 상반된 양극의 상호작용을 발견한다. 그것은 마치 원심력과 구심력의 상호작용과 마찬가지로 생명의 긴장을 퍼뜨리는 것이다. 이러한 맥락에서 샥티는 〈뒤틀린 힘〉의 긴장을 유지하면서 창조와 파괴의 양면성을 지닌다. 예를 들면 여신 두르가Durga는 적인 물소 魔神이 매혹될 만큼 아름다운 미모를 지니고 있는가 하면, 동시에 마신의 피를 전부 빨아먹고 죽여 버리는 잔인성을 나타내기도 하고, 또는 입 가장자리에 피를 흘리며 혀를 디룽거리고 사람의 잘린 머리를 들고 있는 추하고 무시무시한 차문다Cāmuṇḍā는 나병을 고쳐주는 자애로운 母性을 나타내고 있기도 한다.

인도 여신의 이러한 상극된 양면성은 기독교 문화에서 聖과 俗, 깨끗한 것과 부정한 것으로 二極分化해 버린 관념적 표상과는 달리 생명의 현상으로서 리듬과 變容이 있는 것이다.

어머니(Mother)는 질료(Matter)와 어원을 같이하며, 에너지이고 운동이기 때문에 생명은 어머니에게서 태어나서 어머니에게로 돌아간다. 따라서 죽음은 곧 재생을 의미한다. 이러한 우주론적 구조가 종교 儀式으로 표현된 것이 곧 힌두교에서 희생이 행해지는 피의 儀禮가 된다.

피는 생명의 표현이다. 피가 신체 밖으로 흘러나오는 것은 죽음을 의미하면서 동시에 재생으로 연결된다. 모태로부터의 출산에는 반드시 피가 수반되기 때문에 인도에서 여성과 피는 깊은 연관 속에서 생각되어 왔다. 그러므로 인도의 여신 혹은 모신의 이미지는 피의 심벌리즘으로 가득차 있다. 여신 숭배는 피의 의례에서 〈어머니〉라고 하는 에너지 모태의 존재를 확인하는 것이다.

인도에서 여신 숭배의 신앙은 7,8세기 密敎의 발전과 더불어 그 세력을 얻고 있었다. 베다의 전통에는 없었던 여신 숭배의 신앙이 힌두교에 도입되면서 男神들은 각각 그 반려자로서 여신을 동반하고 나타나는데, 男神들의 원형인 시바의 힘은 여신 〈샥티〉로 표상되었다. 그로부터 여신들에게 圖像的 특징이 생겨났고, 샥티의 변형으로서 다양한 여신들이 힌두교의 판테온에 등장하여 우주 만다라를 형성하게 되었다.

원형으로서 시바와 샥티는 수없이 변형된 표상으로 전개되어 인도의 종교적 토양을 더욱 비옥하게 했던 것이다. 저자는 본서를 자료집으로서도 비중을 두고 거의 빠짐 없이 여신들의 圖像的 특징들을 규명해 놓았으며, 특히 八母神과 여덟 바이라바尊의 도상과 사원에서의 배열방법을 자세히 밝혀주고 있다. 그것은 마치 네팔이라는 축도 속에 인도의 신들이 배열된 圖像 만다라를 학문적으로 재생시켜 놓은 듯한 느낌을 준다.

역자는 立川 교수의 《曼茶羅의 神들》에 이어 두번째로 《女神들의 인도》를 번역하면서 본서가 지니는 학문적 가치에 대하여 번역의 의의를 느낀다.

역자 김 구 산

제7장 삶과 죽음을 포용한 여신 차문다

종장

서장
Introduction

श्रीब्रह्मायली

047 브라흐마니Brahmāṇī

여신과의 만남

어두컴컴한 공간에 푸르스름한 〈살결〉이 보였다. 여신의 하얀 신체
가 사방 수 미터의 당내堂內에 떠올랐다. 배후에는 토착 지모신地母神
아지마들의 석상이 옆으로 나란히 있고, 그 석상과 당堂 벽에는 생피를
뿌려 놓은 흔적이 있었다.(그림 166)

격자문 사이로 안을 들여다본 나는 몸을 떨었다. 분명히 여신의 하얀
몸에서는 〈기氣〉가 일고 있었다. 달콤하고 다정한 〈기〉가 아니다. 차갑
고 무시무시한 힘이 느껴졌다. 여신의 주변에는 시커먼 기운이 자욱이
서려 있음을 알았다. 이미 말라서 색이 변한 피의 흔적은, 여신의 신체
를 땅 밑으로 끌어당기는 듯했다. 이곳에는 서로 상반된 방향을 지닌 두
가지의 힘이 하나의 훌륭한 통일체를 이루고 있다. 주위를 압도하며 떠
오르는 여신과 그녀를 땅 밑으로 끌어당기는 주변, 그러나 기묘하게도
중앙의 여신은 자신을 밑으로 끌어당기는 검은 기운을 싫어하지 않았
다. 오히려 주변도 그녀의 신체 일부인 양, 당堂 안 전체가 하나의 신체
였다. 그렇게 확신했다.

1982년 여름의 이 만남이, 나의 그후 카트만두 분지에서 행한 여신
연구의 시작이 되었다. 1989년 겨울까지 여러 번에 걸쳐서 조사하는 동
안에, 나는 그때마다 신들과 신들의 조상彫像이 하나의 우주를 형성하
고 있음을 볼 수 있었다. 그래서 지금도 1982년 여름의 직감이 옳았다
고 믿고 있다.

중심의 신과 그 주변의 신들. 이것이 카트만두 분지의 사원과 광장에
서 볼 수 있는 신들의 상像이 배치된 기본 구조이다. 물론 이 구조는 카
트만두 분지에 한정되어 있는 것은 아니다. 주변을 끌어당기면서, 혹은
그것에 반발하면서 중심이 주변과 함께 하나의 통일 세계를 형성한다
고 하는 점은, 특히 여신들의 코스모스(우주)에서 두드러지게 나타나

◆ 칠모신 : 삽타 마트리카Sapta-mātṛkā
브라흐마니Brahmāṇī · 루드라니Rudrāṇī · 카우마리Kaumārī · 바이슈나비
Vaiṣṇavī · 바라히Vārāhī · 인드라니Indrāṇī · 차문다Cāmuṇḍā.

있다는 것이 점차 확실해졌다. 이 점은 카트만두 이외의 지역, 예를 들면 인도 동부의 오리사Orissa(그림 076) 등에서도 볼 수 있는 점이다. 이와 같은 여신의 코스모스 근저根底에 있는 것이 무엇인가 하는 점이 나의 관심이었다. 지금은 그것이 원형(아키타이프)으로서의 〈어머니〉, 또는 그 원형의 한 가지 형태로서의 〈만다라Mandala〉의 구조라고 생각하고 있다.[8]

중심과 주변이 구성하는 하나의 통일체는 〈만다라〉라고 불리운다. 카트만두의 사람들은 자기들이 살고 있는 분지를 〈네팔 만다라〉라고 부른다. 사방이 산으로 둘러싸여 있어서 녹음이 우거진 이 분지는 마땅히 〈만다라〉라고 불리기에 적절하다. 가까이로는 녹음이 우거진 구릉이 있고, 멀리로는 하얀 히말라야로 둘러싸여 있는 분지에서 생활하다 보면, 이곳이야말로 수호신들이 돌보아 주는 공간이구나 하고 느끼게 된다. 〈칠모신—삽타 마트리카Sapta-mātṛikā〉 혹은 〈팔모신—아스타 마트리카Aṣṭa-mātṛikā〉라 불리우는 태고의 대지모신大地母神들은, 네팔 만다라의 주변에 위치하여 이 분지를 수호하고 있다. 동시에 이 대지모신들은 자기가 낳은 자식들을 어두컴컴한 땅 밑으로 끌어당기는 두려운 존재이기도 하다.

이성異性의 이미지—아니마와 아니무스

인간은 탄생한 후, 실로 오랜 기간을 부모의 보호 아래서 보낸다. 쥐와 같은 작은 동물이 태어나서 자라고 자손을 번식하고 죽음에 이르기까지의 기간을 경과해도, 인간은 아직도 무력하고 자기 혼자서는 생명조차 유지할 수 없다. 유아는 자신을 보호해 주는 사람에게 무조건 몸을 맡기고 바야흐로 자신의 긴 장래를 준비한다. 유아기는 모친과 접촉할 기회가 가장 많고, 이 시기에 어머니의 이미지가 어린이 속에 정착한다.

◆ 팔모신 : 아스타 마트리카Aṣṭa-mātṛikā
　　칠모신에 마하락슈미Mahālakṣmī가 더하여져 팔모신八母神이 되었다.

젖을 빨거나 살갗을 비빈다거나 하는 행위는, 어린이가 3세 정도까지는 무제한으로, 그리고 자연스럽게 행해진다. 이 시기가 지나면, 유아는 유아 나름대로의 성性에 흥미를 느끼기 시작한다. 동시에 모친은 어린이를 서서히 떼어 버리려 하고, 양친과 주위의 사람이 유아의 성性에 대한 관심과 욕망을 억제시키려고 한다. 이제까지의 자연스럽고 자유로웠던 성애性愛가 억압당한다. 이와 같은 과정 속에서 남자는 〈여성〉, 여자는 〈남성〉의 이미지를 구하고 그 형태를 만들어 가는 것이다.

모친과 유아의 〈육체적 접촉〉은 집약적이며, 더구나 오랜 시간 동안 계속된다. 그와 같은 친밀한 교제를 인간은 그후의 삶에서는 경험할 수 없다. 이 〈행복한 때〉에 어린이는 언어를 익히면서 어머니, 그리고 아버지의 어슴푸레한 이미지를 완성시킨다. 불행하게도 오히려 다행한 일이겠지만, 우리들은 어머니의 유방과 살갗의 따스함을 기억하지 못한다. 적어도 〈지난 밤의 일처럼〉 기억하고 있지는 않다. 그렇지만 유아기乳兒期는 물론 유아기幼兒期의 경험은 우리들의 잠재의식 속에 확실한 흔적을 남기고 있는 것이다.

유아幼兒는 부모의 이미지를 완성시키는 동시에, 이성의 이미지도 만들어 간다. 부모를 부모로서 의식하기 시작할 때와, 이성을 이성으로 의식하기 시작할 때는 거의 같다. 부모가 자신과는 다른 존재라는 것, 때로는 자신이 부모와 대립하여 싸우지 않으면 안 되는 존재라는 것을 자각하기 시작하면, 유아는 〈자기 본래의 이미지〉(Jung, Carl Gustav)를 만들어내기 시작한다. 그때 이성의 이미지는 자신의 이미지를 비추는 거울의 역할을 수행하는 것이다. 남성에게 있어서 여성의 이미지를 융 Jung은 〈아니마〉라 이름 붙였고, 여성에게 있어서 남성의 이미지를 〈아니무스〉라 이름 붙였다.

이 아니마·아니무스는 개인에게 속하는 것이지만, 좀더 보편적 집합적인 요소를 포함하고 있다고 해석할 수도 있다. 결국 〈남성 속의 여성〉으로서의 아니마, 혹은 〈여성 속의 남성〉으로서의 아니무스는 하나

◆두르가Durga : 가까이하기 어려운 여신의 뜻으로, 시바의 신비神妃. 칼리와 함께 시바의 암흑면을 나타내고 있다. 본래 빈디야 산의 주민들이 숭배하던 처녀신으로, 악마를 죽이거나 술과 고기·짐승 종류의 산제물을 좋아하는 여신이지만 곤란에 빠진 사람을 구제하고, 특히 광야에서 길을 잃고 헤매거나 대해에서 난파당한 사람들을 구제하는 여신으로 숭배되고 있다. 두르가Durga에 관해 가장 잘 알려진 이야기는 〈물소의 모습을 한 마히자라는 이름의 악마신을 죽인 이야기〉이다. 9,10월에 행해지는 나바라트라 축제

의 민족, 또는 전통 속에서 몇 세기의 세월을 거쳐서 형성된 것이다. 한
사람의 인간이 유아기에서부터 성인에 이르고, 더 나아가서는 늙어가는
과정 속에서 이성의 이미지를 완성하고, 또한 그것을 변형시켜 온 것처
럼 하나의 민족, 또는 전통도 그 역사 속에서 집단적(집합적)인 이미지
를 형성·변형시켜 온 것이다.

예를 들면 인도는 이제까지의 수천 년에 걸친 생애 속에서, 다른 민족
과 마찬가지로 집단적인 〈여성의 이미지〉를 만들어 왔다. 이 이미지는
물론 단일한 것이 아니고, 시대와 지역에 따라 다르다. 이러한 〈여성의
이미지〉 속에서, 적어도 두 가지 종류의 것을 구별하지 않으면 안 된다.
그 두 종류란 (1)실제 사회에 있어서 현실의 여성에 관한 공통 이미지,
또는 사회를 이루는 가정에 있어서 이상理想의 여성상 (2)여신 또는 대
지모신大地母神으로서의 〈여성 이미지〉이다. 이 양자의 관계는 단순하
지 않다. (1)이 순화純化 혹은 승화昇華하여 (2)가 되는 것은 아니다.
(1)은 각각의 전통 속에서 생활하고 있는 사람들이 스스로의 전통을 이
탈하지 않는 형태로 형성되어 있는 것이지만, (2)는 현실사회의 인간을
오히려 부정하는 형태로 형성된다. 여신, 대지모신大地母神, 나아가서
는 옛날 이야기에 등장하는 〈어머니〉가 현실생활에서의 어머니와 상
당히 다른 것은 이 때문이다.

원형(아키타이프)으로서의 어머니

융Jung은 〈재생〉·〈영혼〉·〈트릭스터trickster〉(원시 민족의 전설
에 나오는 장난꾸러기 요정 ─역주)·〈어머니〉라고 하는 네 가지 원형
(아키타이프)을 설정했다. 그에게 있어 원형이란 형식이지, 내용을 결
정하는 것은 아니다.[9] 원형으로서의 〈어머니〉는, 현상의 배후에 숨어
있고, 보통 그 〈모습〉을 나타내지 않는다. 〈모습〉을 드러낼 때 원형은

는 두르가 푸쟈로도 불리며, 인도 최대의 행사로 일컬어진다.

내용이라는 옷을 입고 자신을 명백히 나타낸다. 그러나 뚜렷이 모습을 드러내는 것이, 때때로 인간에게는 위험한 일이다. 어떤 종파의 교조教祖라든가, 종교적 천재가 신의 모습과 접하여 그 전인격全人格을 일변시키는 경우가 있다. 그들은 이 원형에 강렬한 방법으로 접한 것이라고 생각한다. 원형에 접하는 사람은 종교적 천재만이 아니다. 원형의 〈어머니〉에게 정신을 침해받아 평상적인 사회생활을 영위할 수 없게 된 사람도 현실에 많이 존재한다. 그보다도 대부분의 인간이 성장과정에서 원형의 〈어머니〉와 만나서, 각각 나름대로의 방식으로 타협을 이루고 있는 것이다.

여신 또는 대지모신大地母神의 이미지는, 원형 〈어머니〉의 형식, 또는 틀에 입각해 있다. 요컨대 원형의 〈어머니〉가 그 내용을 얻어서 많건적건 강렬하게 모습을 드러낸 결과가 이러한 이미지인 것이다. 여신은 일상생활 속에 그대로 유지되어 진입되기에는 〈전하電荷〉가 지나치게 높다. 비일상적인 존재라는 한도에 있어서는, 여신뿐 아니라 신이라는 존재 일반이 모두 그러하다.

우리들이 다루려는 것은, 인도 전통에 있어서 〈여신의 이미지〉이지, 인도 사회에 있어서 여성의 이미지 일반은 아니다. 그렇지만 형식과 내용이 밀접하게 관계하고 있는 것처럼, 원형의 〈어머니〉와 현실의 〈아니마〉인 여성의 이미지 사이에도 밀접한 관계가 존재한다. 원형 자체는 이미지의 구체적인 세목을 결정하지 않는다. 그러나 우리들의 의식에 우선 주어지는 것은, 각각의 전통에서 배양된, 주체적인 내용을 지닌 이미지이다. 그런 까닭에 우리들은 그 내용이 부여된 여신, 또는 모신母神의 이미지를 문제로 삼고자 한다. 이 책에서는 인도와 네팔에서의 힌두여신, 모신의 이미지를 고찰함에 있어서 〈어머니〉라는 원형이 어떻게 내용을 얻게 되는가, 즉 〈원형에서 이미지로〉가 아니라, 〈이미지에서 원형으로〉라는 방향으로 고찰해 보려고 생각한다.

현실생활에서 어머니의 이미지와, 원형으로서의 〈어머니〉가 일치하

◆ 차문다Cāmuṇḍā : 때로는 차문디로 불림. 비아리안족 기원의 여신. 두르가 여신의 무시무시한 면을 나타낸 모습 중의 하나. 두르가가 찬다와 문다라는 악귀를 죽인 것으로 인해 이와 같이 불린다.

는 것이 아니라는 점은 이미 서술하였다. 그러나 양자는 관계가 없는 것은 아니다. 어느 정도의 공통점이 있으므로, 이 원형은 〈어머니〉로 불리고 있는 것이다. 우리들은 지금, 일단은 현실생활에서 어머니와 아들의 관계를 살펴보도록 하자.

아니마의 〈뒤틀림〉

어머니와 딸은 마주 바라보는 일 없이 같은 줄에 나란히 있지만, 어머니와 아들은 여자와 남자로서 마주 바라본다. 사내아이가 처음으로 〈아는〉 여성은 어머니 또는 유모이며, 여성으로서의 기능을 하는 인간도 역시 어머니이다. 유아는 어머니의 유방이나 다른 부분에 애착을 느끼고, 어쨌든 입으로 그것을 확인하려고 한다. 프로이트는 이 시기의 성애性愛를 〈구애口愛〉(오럴리티)라고 명명하였다. 구애口愛는 자각적인 성애는 아니더라도, 분명히 에로스의 요소를 갖고 있는 인간의 접촉이다. 이 시기, 어머니는 아들을 무제한으로 수용하려 하고, 아들에 관한 일에 전념한다. 아들 쪽도 어머니에게 의지하는 일에 의문을 느끼거나, 망설이지 않는다. 여기서는 양자에게 자기와 타인과의 구별이 없다고도 말할 수 있다.

이와 같은 어머니와 아들의 관계는 서서히 변해간다. 이미 서술한 바와 같이 모친이나 주위의 사람은 그 친밀한 관계를 단절시키려고 하는 것이다. 부모가 자식을 떼어내는 일은, 인간의 세계보다도 동물 세계에서 더욱 현저하게 관찰할 수 있다. 인간의 자식은 음식물을 자기가 찾지 못하더라도, 마음 속으로는 자기를 주장하기 시작하고, 이윽고 부모에게 반항하게 된다. 이른바 제일반항기第一反抗期이다. 이 반항은 인간의 성장에 있어서 필요한 것이다. 이 경험이 없는 채로 성인이 되면, 정신적인 자립을 이룰 수 없는 위험이 있기 때문이다.

❖인드라Indra :《리그 베다》속에서 가장 많은 찬가로 받들어 모시고 있는 무용신武勇神·영웅신英雄神 또는 군신軍神. 불교에서는 제석천帝釋天으로 불린다. 인드라는 무용武勇 방면을 대표하는 신이다.《리그 베다》의 신화에서, 인드라는 번개신의 성격이 가장 강하게 나타나 있다. 두발과 수염을 비롯하여 온몸이 다갈색이며, 폭풍신 마르트의 무리를 거느리고 두 필의 말이 끄는 전차를 타고 공중을 달린다. 악마를 살해하고 아리안을 보호하는 신이다.

성인이 된 사람은, 예전에 어머니에게 거부당한 일을 어떠한 형태로
건 기억하고 있다. 성인이 된 남자는, 어머니에게 이미 이성으로서의 감
정을 느끼지 않는다. 최소한 느껴서는 안 된다. 근친상간近親相姦과 같
은 불행한 경우를 제외하면, 성인이 된 아들에게 있어 어머니는 이미 이
성으로서의 여성은 아니다. 그렇다 하더라도 어머니는 처음으로 신체를
접촉하고, 자각적인 것은 아니더라도 성적인 만족을 주었던 사람이다.
어떤 사람에게나 어머니는 그리움의 원천이며, 남성이나 여성이나 자신
들의 생명이 끝났을 때 돌아가는 종착역처럼 느껴진다. 오끼나와(沖繩)
에는, 묘墓가 자궁의 형태를 나타내고 있다.

어머니는 이미 아름다운 〈여성〉은 아니다. 어머니의 나체는 보아서
는 안 되는 것, 또는 보고 싶지 않은 것이다. 성인이 된 사람에게 어머니
는 그곳에서 떨어져 나가야 할 존재이다. 어머니는 문자 그대로, 우리들
을 낳은 존재이기도 하다. 그곳으로 언젠가 돌아가야 할 것을 우리들은
웬지 모르게 희망하고 있다. 이러한 상반된 두 가지 방향, 혹은 〈뒤틀
림〉이 어머니에 대한 생각 속에 있다. 이와 같은 〈뒤틀림〉을 느끼는 단
계에서는, 사람은 현실의 어머니 이미지의 배후에서 원형으로서의 〈어
머니〉의 존재를 어렴풋이 느낌으로 이해하게 되는 것이다.

어머니와 아들의 관계로서 〈뒤틀림〉을 이야기해 주는 신화의 예로서
는, 고대 이집트의 이시스와 오시리스의 신화를 들 수 있다. 모신母神
이시스는 곡물의 신, 풍요의 신, 대지의 모신이다. 지상의 〈푸르름〉(곡
물)의 구현인 오시리스는 이시스의 아들이지만, 이 푸르름은 겨울에는 말
라 버린다. 어머니가 아들을 죽여서 황천국黃泉國으로 떨어뜨렸기 때문
이다. 자기가 죽였으면서도 어머니는 황천국으로 가서 아들을 빼앗아서
돌아오려고 한다. 이 이야기는 일종의 자연신화自然神話, 즉 겨울이 되면
나무들이 시들고, 봄이 되면 다시 녹음이 되살아나는 자연계의 운동을 신
화적으로 표현한 것이다. 그러나 이 신화가 말하려고 하는 것은, 그것으
로 그치지 않는다. 자연에서 볼 수 있는 〈삶〉과 〈죽음〉을 어머니와 아들

❖《마하바라타Mahābhārata》: 모두 18편, 약 10만의 시귀로 이루어진 인도의 국민적
대서사시.《라마야나》와 함께 2대 서사시로 불린다. 그 배경이 되는 것은 18일간의 전투
에 얽힌 이야기이지만, 이 주제에 직접적으로 관계하는 부분은 전체의 약 5분의 1 정도
이다. 그외의 부분은 신화·전설·종교·도덕 등의 교훈시, 법제·정치·경제 등의 모
든 분야에 걸친 이야기·설화가 들어 있다.《마하바라타》의 주제와 설화, 교훈시는 후세
인도의 종교·문학·예술 그외의 모든 면에 많은 영향을 주었다.

의 관계에 결부시켜서 이야기한 것이다. 즉 어머니는 아들을 낳았으면서
도, 자신의 손으로 아들을 죽인다. 한편, 아들도 어머니의 변절을 알고 방
어 태세를 취하고, 때로는 어머니를 죽여 버리는 것이다. 이 〈뒤틀림〉은
힌두 신화에 있어서도 중요한 주제이다.[10]

힌두의 두려운 모신母神

〈모신母神〉혹은 〈여신〉이라 말하면, 사람들은 일반적으로 아름답고
상냥한 여성상을 생각하게 된다. 그러나 이시스와 오시리스 신화에서
처럼, 신화의 〈어머니〉는 자식에게 상냥한 수호자일 뿐만 아니라, 잔혹
하고 무시무시한 파괴자이기도 하다.

〈어머니〉는 자식을 낳아서 기른다. 생물의 대부분은 〈어머니〉의 태
내胎內에서 양육되어 그 다음에 세계로 내보내어진다. 인도의 후기 불
교 탄트리즘에서는 〈사물이 태어나는 원천〉(다르마・아카라＝법원法
源)은 꼭대기가 아래로 향한 삼각형으로 표현되는데, 이 삼각형이 여성
의 성기를 의미하고 있는 것은 분명하다. 그런데 모든 것을 태내에서 기
르고 낳는 어머니의 성기는, 때로는 완전히 반대 방향으로 작용하는 일
도 있다. 즉 생물을 바깥 세계로 내보내는 어머니의 성기는, 생물을 삼
켜 버리는 〈구멍〉이 되기도 한다. 이러한 〈구멍〉은 종종 소용돌이 무늬
로 표현된다. 예를 들면 고대의 흙으로 빚은 인형인 여신의 몸통부에서
볼 수 있는 소용돌이 무늬는 이 〈죽음의 구멍〉을 의미하고 있다. 본래
그 〈구멍〉은 사물을 죽이는 역할만을 하는 것은 아니라고 생각된다. 사
물이 태어나기 위해서는 그것은 죽지 않으면 안 된다. 신화에서 탄생이
란 재생의 뜻이며, 태어나기 위해서는 죽음이 전제되어 있기 때문이다.
이와 같이 〈구멍〉은 재생된 것이 빠져 나오지 않으면 안 되는 〈문〉이기
도 하다.

그런데 소용돌이 무늬는 후세 힌두교의 〈커다란 전통〉 속에서는, 명확하게 나타나지 않는다. 그 대신에 희생당한 산제물의 피, 종종 인간의 피도 요구하는 여신 또는 모신母神이 수없이 등장한다. 이러한 여신들은 신화 속에서 살육자로 등장한다. 결국 무기를 손에 든 여신들은, 남신男神들이 행한 적이 없는 것 같은 처참한 살육을 거리낌 없이 해치우는 것이다.

힌두 모신군母神群의 대표인 칠모신七母神은, 후세에 들어와 남신男神들의 비妃 또는 유아를 안고 있는 어머니의 이미지가 강하지만, 본래는 무리를 지어 행동하며, 〈무시무시한 싸움, 피에 취해 있는〉 여자들이며, 피의 의례와 밀접하게 관계를 맺고 있었다.[11] 후세의 모신들의 모습도 뒤에서 서술하겠지만 부드럽고 온화한 모습뿐만 아니라, 무시무시한 모습을 보여주는 경우가 많다. 그녀들의 〈남편들〉은 〈바이라바〉(두려운 것)로 불리우고 있다.

피의 의례와 에로티시즘

생물을 낳고 기르는 〈어머니〉가 왜 자기의 〈자식〉인 생물의 〈희생의 피〉를 필요로 하는 것일까. 〈어머니〉(마더)인 대지는 생물이 그곳에서 태어나고 지속하고, 그리고 그곳에서 소멸해 가는 장소이다. 단순한 장소가 아니라 태아가 탄생하고 탄생한 후에도 양분을 섭취하고, 주어진 시간이 끝나면 그곳으로 돌아가는 소재 〈마타〉(물질)인 것이다. 〈마타〉라는 말과 〈마더〉라는 말은 같은 기원에서 파생하였다. 그렇다면 그 원천이 왜 살아 있는 생물의 생피를 요구하는 것일까. 결국 〈어머니〉는 왜 아직도 살 수 있는 〈자식〉에게서 죽음의 증거인 피를 요구하는 것일까. 〈어머니〉라는 것을 인간들에게 새롭게 알려주기 위한 것일까.

자기의 동료, 혹은 때로는 자기 자신의 피도 바쳐야 하는 이유를 사람

❖《라마야나Rāmāyana》:〈라마왕 행장기行狀記〉라는 의미의 옛 인도의 국민적 대서사시. 산스크리트어로 씌어졌고, 모두 7편 2만 4천 시귀詩句로 이루어져 있다. 작자는 〈최초의 시인〉으로 불리는 발미키이며, 스로카라는 운문 형식도 그가 만들어냈다고 전해진다. 고대 인도의 영웅 라마의 전설이 하나로 묶여진 형태로 된 것은 기원전 수 세기 무렵이고, 그후 많은 증보가 행해졌고, 현존하는 형태로 된 것은 서기 2세기 무렵으로 추정된다.

들은 어떻게 설정하고 있는 것일까. 자신들에게 있어서 가장 중요한 것을 죽임으로써, 자신들에게 좋지 않은 흉사가 신상에 일어나지 않도록 기원하는 경우는, 물론 과거에도 있었고 오늘날에도 있다. 그러나 문제는 왜 〈모신〉 또는 〈여신〉이 피의 의례와 그토록 깊이 관련되어 있는가 하는 점이다.

신체 밖으로 나온 피는 적어도 인도적인 문맥으로는 죽음을 의미한다. 따라서 피의 의례는 〈죽음〉의 의례이기도 하다. 피의 유출에 의해 삶에서 〈죽음〉으로의 이행은 에로티시즘의 장면으로 우리들을 인도한다. 그 에로티시즘에서도 〈뒤틀림〉이 보인다. 살아 있는 것이 생의 환희를 솔직하게 표현하는 행위에서는 볼 수 없는 〈뒤틀림〉이, 피의 의례에는 있다. 왜냐하면 존속存續이 약속되어 있는 생명의 에너지가, 자연의 운행에 역행하여 다른 사람의 의지에 의해 살해되기 때문이다. 희생물의 죽음으로 단번에 손에 넣은 과잉 에너지, 피로 응축된 이 에너지를 사람은 자기의 에너지로 동화시키건 그렇지 못하건, 의례라고 하는 행위의 체계 속에서 소비한다. 그때 일상에서는 얻을 수 없는 에너지의 획득과 탕진이 에로티시즘을 새로이 낳는다. 피는 여성의 신체 구조를 대표하는 것이기도 하며, 그런 의미에서 에로티시즘을 느낄 수 있게 하는 적절한 소재가 된다.

〈피의 의례〉는 고대 유대교에서도 행해졌다. 유대 그리스도교적 전통에서는 〈피〉는 〈죽음〉의 상징이라기보다도 〈생명력〉의 상징이었다.[12] 본래 힌두교에서도 피가 의미하는 〈죽음〉은 재생을 의미하는 것이었지만, 《구약성서》에 나타나는 〈피의 의례〉와 비교하면, 힌두교 특히 탄트리즘에서 보이는 〈피의 의례〉가 에크로피리아(죽음을 사랑하는 지향)의 요소를 더욱 많이 포함하고 있다는 점은 부정할 수 없다.

그러나 유대 그리스도교적 전통에서는 〈피의 의례〉가 재빨리 보편화되었다. 예수가 포도주를 〈나의 피〉라고 말한 것은 잘 알려져 있으며, 오늘날 예수의 육신인 빵과 피(생명)인 포도주를 미사Mass에서 사람

❖ 히라니야카시푸Hiranyakasipu : 〈금 의류를 입은 자〉라는 뜻. 그는 시바신으로부터 삼계三界를 1백만 년 동안 지배할 것을 허락받았기 때문에 오만불손해져서 비쉬누를 신앙하는 아들 프라흐라다를 죽이려 했다. 이때 비쉬누는 인사자人獅子 모습으로 나타나 히라니야카시프를 죽였다.

들은 자신의 체내에 섭취한다. 이것은 고대 피의 의례가 보편화·승화된 형태인 것이다.

힌두교에서도 마찬가지로 보편화·승화된 모습을 볼 수 있다. 예를 들어, 여성의 이마에 붙인 작고 빨간 원(티라카)이 그것이다. 최근에는 패션화되어 자주와 녹색인 것도 있지만, 원래는 피였다고 생각된다. 피의 의례에 참가하여 얻은 에너지의 표시로서 빨간 증표를 이마에 붙였던 것이다. 또한 힌두교 사원에서 공양제供養祭 등이 끝난 후에〈신의 은혜〉(프라사다)의 증표로서 이마에 칠한 빨간 것도 티라카와 같은 기능을 갖고 있다고 생각된다.

이 책에서는 이 보편화·승화의 구조를 상세하게 논할 여유는 없지만, 유대 그리스도교적 전통과는 다른〈피의 의례〉의 한 부분을 전하고자 한다.

의례의 강제력 —〈성스러운 것〉의 불행한 기능

그런데 우리들은〈피의 의례〉뿐만 아니라, 의례 그 자체가 구조로서 지닌〈공포스러움〉을 잊지 못한다. 결국 의례는 어떤 집단에서는 명령된 행위로서 나타난다. 의례에 주어지는 의미는 이미 정해져 있고, 사람들은 그 의미를 의례에서 연출하도록 명령당하는 것이다. 즉 어떤 사람이 어떤 집단에 속해 있고, 그 집단이 어떤 의례를 담당하는 한, 그 사람이 그 의례에 참가하도록 힘이 작용한다. 의례를 행하는 집단은, 자기의 행사에 참가하지 않는 것을 다른 어떤 경우보다도 더 싫어한다.

〈모신이 희생물의 피를 요구한다〉라고 의례 집단의 구성원들이 이해하고 있을 때, 그것은 역사적으로 완성되었고, 이제는 혼자 걷고 있는 모신의 이미지와 그 의미체계는 그 체계가 지켜질 것을 요구하고 있는 것이다. 그것은 강제력을 지니고 있다. 이 강제력이 종교 교단 유지에 효

◆라바나Ravana : 라마의 아내 시타를 약탈한 랑카 나찰羅刹의 왕. 라바나는 혹독한 고행과 브라흐마신에게 귀의하여, 신들과 모든 악귀에게 결코 패하지 않는 힘을 지니고 있지만, 여성에 관한 일로 죽게 될 운명을 갖고 있다. 모든 나찰은 사악하지만, 라바나는 그 중에서도 가장 사악하다. 그는 10개의 머리와 20개의 팔과 구리빛 눈과 달처럼 빛나는 치아를 갖고 있으며, 그의 모습은 구름이나 산과 같다.

과적으로 작용한다.

집단이 지닌 강제력이 〈피의 의례〉 또는 생물의 생명을 받드는 의례를 행하는 것같이 작용할 때, 사람들은 에로티시즘뿐만 아니라 사디즘 Sadism으로도 유도된다. 사람들은 공인된 상황 속에서, 희생물이 그 자신에게 남겨진 생명 에너지를 한순간에 빼앗길 때 볼 수 있는 긴장을 지켜보는 것이다. 이와 같이 희생을 받들어올리는 의례는 합법적으로 짜여진 카타르시스Katharsis의 장치이기도 하다. 사람들은 희생물의 신체에서 피가 솟아나오는 것을 보고, 자신들 속에 고여 있는 〈부負의 에너지〉를 순간적으로 〈정正의 에너지〉로 전환시킨다.

집단이 지닌 강제력에 의해 개체가 희생되는 것은 물론 피의 의례에만 한정되는 것이 아니다. 예를 들면 과부를 죽은 남편과 함께 화장하는 사티는, 피의 의례는 아니지만 불타고 있는 여성을 지켜보는 사람들은 비일상적으로 이상하게 긴장된 〈성스러운〉 분위기 속에서 사디스트적인 쾌감을 소위 종교적 경건함으로 치장하여 맛본다. 물론 사티의 의미는 사디스트적인 구경거리라는 것에 그치는 것이 아니라, 거기에는 가족의 신분을 상승시킨다고 하는 지극히 세속적인 기능과 목적도 있다. 과부는 되었지만, 아직 살아 있는 딸을 불 속으로 뛰어들도록 부모가 설득하는 사실도 있다.

그렇지만 인도의 여신을 고찰하는 이 책에서 중요한 점은, 이러한 사티가 종교의례라고 하는 형태를 취하고 있다는 사실이다. 종교의례라는 행위의 주형鑄型 속에서 사티를 행할 때, 사람들은 〈성스러운 것〉의 힘에 의존해서 스스로의 행동을 통제하고 있다. 화장이 행해지는 장소는 사티를 반대하는 사람들의 침입을 막기 위해 남자들에 의해 지켜진다. 대부분의 경우, 자신의 불운에 관해 한탄하면서 불태워질 과부는, 의례 장으로 걸어오는 순간부터 이미 여신이 된다. 그와 같은 의례 행위를 반대하는 사람도 아마 많았겠지만, 이들 반대자의 의지를 억누르고 희생제는 행해져 왔다. 이것은 〈성스러운 것〉이 집단적 의례에 의하여 〈불

❖부르트라Vrtra : 뱀 모양의 악마 신. 물을 막고, 한발과 악천후를 불러일으키는 것. 원래 〈장애〉라는 의미이며, 천지를 덮어서 가리는 것으로도 일컬어진다. 《리그 베다》에서는 부르트라는 항상 인드라의 적으로 묘사되어 있고, 인드라의 무기 바즈라에 의해 타도된다. 그가 산 속에 가두어두었던 물이 인드라에 의해 해방된다.

행한〉기능을 수행하는 예라고 말하지 않을 수 없다. 본래 〈성스러운
것〉의 힘을 선양하여 집단적인 의례 속으로 사람들을 강제적으로 참가
시키는 것은, 인도에만 고유한 것이 아니다. 그와 같은 불행한 현상은
유럽에서도 일본에서도 볼 수 있으며, 지금까지도 볼 수 있다. 그렇다
하더라도 인도·네팔은 〈피의 의례〉며 사티 등이 오늘날에도 여전히
행해지고 있다고 하는 의미에서는 특이한 지역이다.

　이러한 의례가 어떻게 해서 가능하게 되었는가를 고찰하는 것은 이
책의 주요한 목적이 아니지만, 이와 같은 종교의 사회적 기능을 무시하
고 여신 숭배의 구조며 여신들의 이미지에 관해 말할 수는 없을 것이다.
신들의 이미지는 그러한 사회적 기능을 지닌 의례 속에서 만들어져 왔
던 것이기 때문이다.

힌두 모신母神의 양면성

　생피를 요구하는 두려운 〈모신〉 혹은 〈여신〉의 이미지는 여러 가지
이다. 물소 악마의 신을 죽인 두르가Durga 여신은 적인 악마의 신도 매
혹할 정도의 미녀이지만, 생피를 요구하는 차문다Cāmuṇḍā 모신은 뼈
와 가죽뿐인 추악한 여성이다. 일반적으로 말해서, 인도의 신들은 아름
다운 이미지를 지닌 것과 무시무시한 이미지를 지닌 것으로 나누어진
다. 일종의 신들의 조직체계인 판테온Pantheon이 이와 같은 구분을 가
진 경우는 다른 나라에서도 종종 관찰되지만, 힌두교에서는 〈부드러
움〉과 〈무시무시함〉 혹은 〈아름다움〉과 〈추악함〉의 낙차가 특히 큰 것
이다. 더구나 힌두교에서는, 동일한 신이 종종 부드러운 이미지와 무서
운 이미지의 두 가지를 가진다. 그리고 원래는 힌두교의 전통 속에서 다
른 신으로 활약하고 있던 두 사람, 혹은 그 이상의 신이 동일시되면서
부터 여신들의 이미지는 더욱 복잡한 것이 되었다. 예를 들어 미녀 두르

　❖ 카마Kama : 사랑의 신. 카마는 일반적으로 〈욕망·의욕〉의 뜻으로, 〈애욕〉을 의미
한다. 또한 행복의 추구, 욕망의 충족의 의미로도 사용하고 있다. 후세에 신격화되어 사
랑의 신, 에로스의 신으로 되어 갖가지 신화를 만들어냈다. 어느 날 시바신이 정신을 집
중하여 아내를 돌아보지 않고 수행을 하자, 사랑의 신 카마는 시바신의 마음을 그의 아
내 파르바티에게 향하게 하려고 사랑의 화살을 쏘았지만, 시바신은 제3의 눈으로 섬광을
발하여 카마를 재로 만들어 버렸다. 그러나 카마의 아내 라티의 애절한 염원으로, 육체

가Durga와 추악한 차문다Cāmuṇḍā는 동일 신으로 생각되는 경우가 있다. 낙차와 동일시가 동시에 존재하는 것은, 인도적 전통의 한 측면을 뚜렷하게 나타내 준다.

〈모신〉이라 말하면, 가톨릭 교회에서 볼 수 있는 성모 마리아의 모습을 떠올리는 사람이 많다. 그러나 마리아라는 모신은 자신의 이미지를 특수한 방향으로 발전시켰다. 이 여신은 원래 대지모신大地母神의 요소도 지니고 있었지만, 유럽의 중세 이후 부드러움과 맑고 깨끗함이라는 면만을 이상하게 발전시켰다. 힌두의 여신들이 지닌 무시무시한 측면은, 마녀에게 떠맡겨 버렸다. 이렇게 해서 그리스도교 세계에서는 여신의 이미지에 이극분해二極分解가 일어난 것이다.

한편 힌두 모신의 이미지는, 약간 난폭하게 말한다면 마리아이며 마녀이다. 마리아가 두개골을 잔으로 하여 생피를 마시는 일 등은 생각할 수 없다. 그러나 힌두의 모신은 그것을 한다. 아마 인도의 무시무시한 모신 쪽이 모신의 원형을 보유하고 있을 것이다.

모신母神들의 이미지

이 책의 최대목적은, 힌두의 모신母神 및 여신女神의 이미지 그 자체를 제시하는 데 있다. 힌두의 모신들은 다른 문화적 전통, 예를 들면 일본의 문화적 전통에서 보이는 여신상과는 상당히 다르다. 그 이미지를 전하기 위해 수많은 사진을 사용하였다. 이러한 의미에서 이 책은 자료집으로서의 기능도 지니고 있다.

이 책 제1장 〈대지모신大地母神의 모습〉에서는, 인도가 인더스 문명의 시대로부터 어떠한 모습으로 모신母神의 이미지를 지속시켜 왔는가를 개관하려고 한다.

제2장 〈카트만두의 여신들〉에서는, 오늘날 힌두교의 여신·모신 숭

를 지니지 않고 진정한 애정을 나타내는 존재로 만들어 아내에게 돌려주었다고 한다. 카마는 아름다운 청년의 모습으로 표현되며, 사탕수수로 만든 활에 꿀벌 활시위를 당기고, 끝에 꽃을 장식한 화살을 갖고 있다.

배가 가장 성행하는 지역으로 카트만두Kathmandu 분지를 선택하여, 그곳에 있는 여신들의 이미지를 나타냈다. 힌두 모신의 가장 일반적인 것은 〈칠모신七母神〉 또는 〈팔모신八母神〉이라 불리우는데, 이 장章에서는 카트만두 분지의 힌두 사원에서 볼 수 있는 칠모신 또는 팔모신의 조상彫像을 주로 소개했다.

제3장 〈피를 마시는 여신〉에서는 두르가Durga나 칼리Kali와 같이 산제물의 피를 요구하는 여신들을 다루었다. 그녀들은 칠모신과 밀접한 관계를 맺고 있다. 즉 신화 속에서는, 칼리와 칠모신이 함께 두르가를 도와 준다. 베다Veda 종교에서는 기피하고 꺼리는 피를 힌두교 시대에서는 〈좋은 것〉으로 생각하게 되었던 상황은, 힌두교에서 여신(또는 모신) 숭배의 대두와 깊은 연관이 있다.

제4장 〈힘으로서의 여신〉에서는, 네팔의 힌두교 판테온에 있어서 모신의 지위를 다루었다. 힌두교의 주요한 남신男神은, 세계를 창조한 브라흐만Brahman, 세계를 유지하는 비쉬누Visnu, 그리고 세계를 파괴하는 시바Siva이다. 여신은 이들 남신男神의 비妃로 생각된다. 카트만두의 사원에서는 〈남편〉으로서의 남신男神, 〈아내〉로서의 여신, 그리고 그들의 자녀로 구성되어 있는 〈여신들의 가족〉의 조상彫像을 많이 볼 수 있다. 그 가족 중에서 여신은 〈아내〉라기보다 〈가장家長〉이라는 표현이 어울린다. 여신은 〈샥티〉(힘)로 불리운다. 남존男尊의 힘이라는 의미이다. 만물을 낳고 기르는 어머니, 결국 소재(마타)로서의 어머니가 힘(에너지)까지도 있게 될 때는, 세계는 여신(어머니) 속으로 빠져 들어가 버린다. 이것이 샥티즘(여신 숭배)의 기본적 사상이며, 이 구조는 만다라가 나타내는 것이기도 하다. 이 제4장이 이 책의 결론이라고 생각하고 싶다.

힌두교의 역사 속에서, 모신들의 직능職能과 이미지도 변화해왔다. 제5장 〈모신과 바이라바존尊〉에서는, 모신들이 지금도 여전히 계속되고 있는 수천 년에 걸친 생애의 후반에서, 그녀들이 얻은 〈반려자〉를

❖나마하게 : 동북 지방, 특히 아게따 지방에서 행하는 정월 15일 밤의 행사. 몇 사람의 청년이 커다란 귀신 가면을 쓰고, 도롱이를 입고, 나무로 만든 칼·신장대·나무통·상자 등을 들고, 집집을 방문하여 술과 음식을 대접받는다.

다루고 있다. 모신들이 어떤 형태를 한 〈남편〉의 비妃가 되었는가를 아는 것은, 인도라고 하는 〈남자〉가 그 〈생애〉 가운데 어떤 형태의 〈여자〉 또는 〈어머니〉의 이미지를 감싸안게 되었는가를 아는 데 도움이 될 것이다.

제6장 〈여신들의 코스모스〉는 두르가 여신, 팔모신, 그리고 그 〈반려자〉(남편)들인 바이라바Bhairava가 어떠한 코스모스를 구성하고 있는가를 알아보기 위해 카트만두에 있는 힌두교의 낙살 바가바티Naksal Bhagavati 사원의 건축 양식에서 고찰한 것이다.

두르가는 〈어머니〉라고 불리우는 경우가 있을지라도 소위 대지모신大地母神의 요소가 적은 여신이지만, 힌두교 판테온Pantheon의 중심에 위치한다. 이 여신이야말로 힌두 정통파로 시인되고 있으며, 전인도를 뒤덮고 있는 〈커다란 전통〉 속에서도 강대한 세력을 지닌 여신이다. 한편 칠모신 또는 팔모신은 힌두교 판테온의 주변에 머물러 있지만, 똑같은 코스모스의 중요한 일원인 것이다.

제7장 〈삶과 죽음을 포용한 여신 차문다Cāmuṇḍā〉는 뉴델리 국립박물관 소장의 차문다상을 중심으로, 팔모신의 하나인 차문다를 다루고 있다. 이 모신은 뼈와 가죽만의 추악한 모습으로 표현된 것이 일반적이며, 인신人身 공양도 요구하는 신이다. 이런 의미에서 차문다는 〈죽음의 여신〉이라 할 수 있다. 한편 이 여신은 유방에서 젖을 흘려보내, 사람들의 문둥병을 자신이 가져가는 어머니이기도 하다. 이와 같이, 이 여신은 〈죽음〉과 〈삶〉의 요소를 지닌다. 〈삶〉과 〈죽음〉처럼 상반된 가치가 하나의 장에서 공존, 혹은 교차한다는 것은 인도 신들이 갖는 특질의 하나이다.

❖루드라Rudra :《리그 베다》의 폭풍신. 폭풍우 신의 무리인 마르트의 아버지. 시바신의 전신. 인도의 전승에 따르면, 루드라의 이름은 동사 어근 rud(울다)에서 유래하였고, 〈포효하는 것〉의 의미이며, 그 기원은 강대한 파괴력과 대지에서 생명을 육성하는 몬순Monsoon의 힘을 신격화한 것이다.

제1장

대지모신大地母神의 모습
The Form of Great Mother-Goddesses

048 카우마리 Kaumārī

049

판테온Pantheon과 도상학圖像學

인더스 문명의 종교는 다신교였다. 아리안Aryan의 베다Veda 종교도, 후세의 힌두교도, 일부를 제외하면 다신교이다. 원래는 이른바 〈신神〉을 인정하지 않았던 불교도, 후세는 〈다신교적〉이 되었다. 인도의 여러 종교는 기본적으로 복수復數 신들의 세계, 결국 판테온Pantheon(모든 신을 한 당에 모아서 제사지내는 만신전萬神殿 ─역주)을 지니고 있었던 것이다.

인더스 문명은 신들을 도상圖像으로 표현하고 있다. 그러나 베다의 종교는 신들을 도상圖像으로 표현하려고는 하지 않았다. 본래 베다 속

---

049 인더스 문명의 여신상. 유방의 형태가 강조되고, 종종 굵은 허리를 하고 있다.[13]

050

에 등장하는 신들의 이미지에 관한 서술이 보이지 않는 것은 아니다. 베다 속에 가장 빈번하게 등장하는 영웅신 인드라Indra(후세의 제석천帝釋天)에 관해《리그 베다》속에서는 머리카락의 색깔 등에 관한 약간의 서술이 있다. 그러나 그러한 서술에서 판단하여 볼 때 베다의 시인들이 소위 도상圖像으로 표현 가능한 것으로서 신들을 표상하였다거나, 또는 표상하려고 했다고는 생각되지 않는다.

베다 제식祭式의 기본적인 것의 한 가지로 호마護摩가 있다. 이것은 불 속에서 국자로 버터기름(버터를 끓인 후에 생기는 반투명의 위에 뜨는 액)과 떡(쌀가루를 기름과 물로 이겨서 구운 것)을 신들(언제나 복수復數이다)을 위한 공양물로서 던지는 행위이다. 그러나 이 호마제護摩祭에서는 공양물을 받들어올릴 신들의 조상彫像을 사용하지 않는다. 오늘날

050 베다 종교의 기본적인 의례인 호마제. 신상神像은 사용하지 않는다.
　　1979년 7월 푸나Poona 시에서.
　　이 제祭는 초승달과 보름달이 뜨는 날에 행한다.
　　〈초승달제·보름달제〉의 변형(바이크리티)이다.
　　〈바비트레스티〉의 한 장면이다.[14]

051

인도에 약간 남아 있는 베다 제식祭式에서도 도상圖像을 사용하지 않는 다고 하는 전통이 지켜지고 있다.

이와 같이 한 종교에서 판테온의 존재는 그 도상적 표현을 약속하고 있는 것은 아니다. 고대 그리스에서는 판테온을 구성하는 신들의 대부 분이 〈인간의 모습〉으로 표현되었지만, 일본의 옛 신도神道에서는 〈모 든 신들〉(뭇신들)의 조상彫像 혹은 도상圖像이 적극적으로 제작되었다 고는 생각되지 않는다.

어떤 종교적 전통에서 이른바 신들이 도상으로 표현되었다고 하더라 도, 그 표현방법에 관한 지식이 체계화된 것이라고는 단정할 수 없다. 그러나 힌두교의 경우에는 이 체계화가 왕성하게 이루어졌다. 각각의 신들에 관해서, 신체의 균형(Proportion), 앉는 법과 서는 자세, 머리카

051 모신의 모습으로 표현된 바루니Vāruṇī 또는 마디라Madirā.
    마투라Mathurā 출토. 2-3세기. 아슈모레안Ashmolean 박물관.(옥스포드)

052

053

락 모양, 장식품, 지물持物 등 세세한 부분까지 규정한 지식의 체계가 있다. 그것은 시詩를 감상할 때에 필요한 수사학修辭學과 비슷한 것이며, 말하자면 〈도상의 수사학〉이다.

판테온이 도상화되고, 그 도상에 관한 지식의 체계가 만들어졌다 하더라도 그 갖가지 도상이 〈아름다움〉의 감각을 불러일으킨다고는 할 수 없다. 오늘날까지 남아 있는 네팔의 사본에 묘사되어 있는 신들의 도상집圖像集 속에는 분명히 한 가지 체계에 입각한 신들의 세계가 묘사되어 있다. 그러나 그 도상에는 미학·미술사적 고찰의 대상은 되지 못한다고 생각되는 점이 있다. 〈아름다움〉은 표현과 깊은 관계가 있는 것인데, 어떤 전통을 전하는 도상적 지식의 체계와는 본래 관계가 없는 것이다.

---

052 스칸다마타Skandamātā.(스칸다의 어머니) 이 〈어머니〉는 유모를 의미한다.
　　스칸다는 카르티케야(유모의 아들, 크리티카)로도 불린다. 대영박물관.(런던)
053 하리티Hārītī. 그림 051의 여신상이 중앙인도의 전통을 따른 것인데 비해, 이 여신상은 간다라 양식을 따랐다. 대영박물관.(런던)

054

J. Burgess.

이처럼 판테온, 도상 표현, 도상학적 지식의 체계, 미적 요소라고 하는 것은 본래 다른 것이다. 또한 신들의 도상 표현의 유무는 그 종교의 오랜 역사 속에서 변화한다. 당초에는 도상 표현을 거부했지만, 나중에는 도상 표현에 대해 적극적으로 된 종교도 수다하다. 한편, 유태교와 같이 일관하여 〈신〉의 도상화를 계속 거부하고 있는 종교도 존재하고 있는 것이다.

〈성스러운 것〉의 표현

종교란, 〈성스러운 것〉과 〈속된 것〉의 차이를 의식한 합목적적습目

---

054 엘로라Ellora 제14굴 라바나 · 카 · 카이의 칠모신, 7-8세기.
마주 보아 왼쪽부터 시바의 화신으로서의 비라바드라, 그리고 칠모신 브라흐마니 · 마헤슈바리(루드라니), 카우마리, 바이슈나비, 바라히, 인드라니, 차문다, 그리고 코끼리 형상을 한 시바의 아들 가네샤.[15]

Jayrao Raghoba. del.

的的 행위의 형태이다. 〈성스러운 것〉과 〈속된 것〉이라는 〈종교에 있어서 이극二極〉에 관한 고찰은 다음 기회로 미루기로 한다.[16] 그렇지만 오늘날 우리들과 관계 있는 국면에서, 〈성스러운 것〉이란 신들이라든지 또는 신들의 힘을 지닌(혹은 신들이 모습을 바꾼) 것이다. 신들과 인간 사이에는 차이가 있다. 이 양자가 본래는 질적으로 동일한 것이었던가, 또는 어떠한 중개도 허용하지 않는 것 같은 관계에 있었던가는 각각의 종교에 따라 다르다. 어찌되었거나 〈성스러운 것〉으로서의 신들이 도상圖像으로 표현될 경우에는, 우선 그 신들과 인간 사이의 차이가 인식되어지는 것이다. 물체로서의 우상과 살아 있는 인간의 구별과 같은 그러한 의미는 결코 아니다. 도상圖像은 단순히 신의 모습을 비추는 것에 그치지 않고, 그 신의 전체라고 하는 측면이 인도에서는 강조되고 있

055

다. 결국 힌두교도들은, 예를 들면 시바신의 상징인 삼지창(트리슈라)을 보고, 그곳에서 시바신의 분위기를 느끼며, 그의 이미지를 떠올린다기보다도 오히려 그곳에서 삼지창의 모습을 취하고 있는 시바신을 본다고 한다.[17] 또 한편 그 신의 모습을 상징으로 나타낸다고 하는 의미로서는 신의 전체가 아님은 물론, 그 신 전부의 모습을 나타내지도 못한다.

이와 같이 신들의 도상 표현은, 적어도 힌두·불교적 상황에서 도상은 두 가지(또는 그 이상)의 수준으로 작용하는 것이다.

신들의 도상은 반드시 미적 의식을 불러일으킨다고는 단정할 수 없지만, 그 종교의 전통에 속하는 것에 있어서는 반드시 〈성스러운 것〉이다. 돌과 나무와 같은 자연물이건, 조상彫像과 사원과 같은 인공물이건, 사람이건, 짐승이건, 어떤 것이 〈성스러운 것〉으로 되는 것은 그것 자체에 〈성성聖性〉이 본래부터 갖추어져 있기 때문이 아니라, 인간이 그것에 〈성스러운 것〉으로서의 의미를 부여하기 때문이다. 그 의미를 부여하는 행위가 의례인 것이다.

따라서 신들의 도상은 의례라고 하는 장에서 〈성스러운 것〉으로 작용한다. 신들의 도상이 의례에서 이용될 때, 그것은 〈성스러운 것〉으로서 신의 모습을 뚜렷하게 나타내는 것으로 되는 것이다.

---

055 시바의 화신 비라바드라, 칠모신, 그리고 가네샤.(마주 보아 왼쪽부터)
그림 054와 동일 구도이다. 마투라Mathurā 박물관.

인도의 모신母神들

인도에서는 〈칠모신〉 또는 〈팔모신〉으로 불리우는 모신들이 숭배되고 있다. 문헌상으로는, 6세기경에 편찬된 것으로 생각되는 《여신의 위대함 Devī māhātmya》 속에서 악마의 신과 싸우는 여신 두르가Durga를 도와 주는 신으로 등장하며, 그 이후의 문헌에 종종 나타나고 있다. 그러나 그 기원은 꽤 오래되었고, 인더스 문명 유적에서 발굴된 것 중에서도 〈일곱 명의 여신〉의 상像으로 생각되는 것이 발견되었다.[18]

힌두교에서 〈칠모신〉은, 힌두교가 왕성하게 번창하던 무렵 잘 알려져 있는 남신男神의 비妃로 등장한다.(그림 054~056) 즉 브라흐만신의 비妃 브라흐마니Brahmāṇi, 시바신의 비妃 마헤슈바리Mahesvari, 쿠마라Kumāra신의 동반자인 카우마리Kaumāri(군신軍神, 쿠마라는 여자를 싫어한 것으로 알려져 있다), 비쉬누신의 비妃 바이슈나비Vaiṣṇavi, 비쉬누의 화신化神 바라하Varāha(산돼지)의 비妃 바라히Vārāhi, 인드라신의 비妃 인드라니Indrāṇī, 그리고 야마Yama(염라)신의 비妃 차문다Cāmuṇḍā이다. 후세, 마하락슈미Mahālakṣmī 여신 또는 느르싱히Nrsimhi 여신이 첨가되어 〈팔모신〉이 되었다.

오늘날 우리들이 볼 수 있는 칠모신 또는 팔모신의 상像은, 일반적으로 그림 054~055에서 보여주듯이 마주 보고 왼쪽으로부터 지금 서술한 바와 같은 순서로 가로 일렬로 나란히 있다. 결국 모신들 중에서 창조주 브라흐만의 아내가 가장 오른쪽의 〈가장 권위 있는 자리〉에 앉아 있는 것이다. 이들 모신은 각자 〈남편〉과 지물을 공유하며, 〈아내〉로서의 모습으로 표현되어 있다. 〈아내〉 또는 〈비妃〉를 의미하는 산스크리트의 〈샥티Sakti〉(〈신성한 힘·에너지〉를 나타내며, 여성으로 신격화되었다. 구체적으로는 시바신의 아내 두르가·우마·파르바티 등의 신비神妃를 가리키며, 이 두르가 숭배에 기초를 둔 샥티(性力) 신앙이 성행하게 되

056

었다—역주)는 본래 힘을 의미하며, 여신들은 각자 남편의 힘·본질이 라고 생각되고 있는 것을 엿볼 수 있다.

　그런데 〈칠모신〉들은 아내인 한편 어머니이며, 각자 유아를 안고 있다.(그림 054 참조) 그녀들은 인더스 문명에서 이미 숭배되었던 대지모신大地母神의 계통을 계승한 것에 지나지 않는다. 인더스 문명 후에 번성한 베다 제식祭式을 중심으로 하는 바라문교에서는 대지모신 또는 여신 일반의 세력은 억압받았지만, 그 이후 힌두교 시대에 와서 여신 숭배가 성행하게 된 것이다. 예전의 〈일곱 명의 모신〉들도 여신 숭배의 대두와 함께 〈삽타 마트리카Sapta-mātṛikā〉(칠모신)가 되어 사람들 사이에 모습을 드러냈다.

　예전에 〈일곱 명의 모신〉 각각의 모습은 잊혀져 버린 것일까. 〈칠모

---

056 루드라니, 바이슈나비, 바라히.(마주 보아 왼쪽부터)
　　칠모신에서 몇 사람을 선택하여 이와 같이 배치한 것도 있다. 마투라 박물관.

057

058

신〉본래의 모습은 이제 볼 수 없는 것일까. 이러한 문제에 답하기 위해서라도, 인도의 특히 힌두교의 신들의 〈모습〉이 어떠한 법칙으로 표현되어 왔는가를 생각하지 않을 수 없다.

힌두교의 신들과 화신사상化身思想

힌두 신들의 모습은 한결같이 똑같지 않고, 시대와 함께 도상학적 특징의 변화도 두드러진다. 힌두교의 판테온과 화상畵像을 더욱 복잡하게 만든 것이 화신사상化身思想이다. 시대와 더불어 변천한 신 a가 다른 신 b와 실은 동일한 신으로 생각되며, 신 a가 본래의 것이고, 신 b는 신

057 브라흐마니. 브라흐만의 소지품인 물병을 들었다. 랄리트 · 칼라 · 바반.(베나레스)
058 루드라니. 시바(루드라)의 승물인 소를 타고 있다. 인도 국립박물관.(뉴 델리)

a가 이 세계에서 활동하기 위해 모습을 바꾸어 화신(아바타라)한 모습이라고 할 수 있는 사례가 힌두교에서는 대단히 많이 있다. 그렇지만 화신사상 그 자체는 보편적인 것이며, 인도 고유의 것은 아니다. 그러나 인도 화신化身의 구조에서 보이는 복잡·다양성에는 눈이 휘둥그래질 만한 것이 있다.

신 a가 신 b·c·d 등의 모습으로 나타날 경우, 신 a가 다른 신의 모습은 아니지만 언뜻 보기에 신 a와는 명백하게 다른 형상(무르티)을 취할 경우, 신 a의 재생으로서 신 b·c·d 등이라고 생각되는 경우가 있다. 링가Linga(남성의 상징, 즉 남근男根을 나타내며 특히 남근으로 상징되는 시바신을 말한다. 인도의 토착적인 남근 숭배와 시바신의 신앙이 결부되어 있다. 사원 안에서 제사지내고 있는 링가의 조상彫像은 형상·용도에 따라 많은 종류가 있고, 인도 전역에 걸쳐서 12가지 링가로 일컬어지는 것이 있다—역주)가 신의 화신이라고 생각되기도 하고, 자연석이 신의 현현한 모습이라고 생각되어지는 경우도 있다. 이 세계 전체가 신이 장난하는 모습, 혹은 춤추는 모습으로 이해되기도 한다. 이것은 신의 이미지와 세계를 동일시하므로써 세계를 〈성화聖化〉시키는 한 방법이다.

천상天上에서 사는 베다 신들과는 달리, 힌두교의 신들은 지상에서 각기 주거지를 정해 놓고 있다. 따라서 힌두교의 신들은 각자 그 고장의 향취를 지니고 있다. 힌두교는 바라문 문화가 토착 문화를 흡수하여 새롭게 대두한 형태인 것이다. 이 힌두교는 범인도적인 〈커다란 전통〉과 뱅골Bengal이나 오리사Orissa 또는 그 중의 한 지방의 특유한 〈작은 전통〉과의 결합체라고 생각된다. 힌두 판테온에는 〈커다란 전통〉 안에서의 화신사상과, 〈커다란 전통〉과 〈작은 전통〉 사이를 결합시키는 역할을 하는 화신사상을 볼 수 있다. 가장 〈커다란 전통〉 속의 화신사상이라 하더라도, 이른바 〈커다란 전통〉이 형성되는 과정에서 복수復數의 전통이 통합된 결과라고 할 수 있는 경우도 있을 것이다.

---

059 파르바티Pārvatī.[산(의 왕 피말라야)의 딸] 시바의 비이며, 루드라니 또는 마헤슈바리와 동일한 여신. 파르바티로 불릴 때는 히말라야의 딸, 또는 시바의 비의 측면이 강조된다. 인도 국립박물관.(뉴 델리)

059

060

061

비쉬누Visnu신과 그 화신 아바타라Avatārā

비쉬누는, 브라흐만과 시바와 함께 힌두교의 판테온 속에서 가장 중
요한 신의 지위에 있다. 비쉬누의 세력은《리그 베다》에서는 그 정도로
큰 것은 아니었지만, 베다에 이어서 브라흐마나의 문헌 시대에 들어와
세력을 증대시켰다. 비쉬누는 갖가지로 화신하는 것으로 알려져 있는
데, 브라흐마나 문헌에서는 벌써 산돼지나 물고기로 화신하는 비쉬누
신화의 원형이 보인다.

서사시《마하바라타*Mahābhārata*》의 부분인〈바가바드-기타Bhaga-
vad-gita〉(신의 노래)에서, 비쉬누는 아르쥬나 왕자의 전차의 마부 크

---

060 파르바티. 이 여신이 타고 있는 것은 사자이다.
　　어린아이를 무릎에 앉히고, 칼을 치켜들고 있는 파르바티상은 드물다.
　　팔라 왕조. 인도 국립박물관.(뉴 델리)
061 카우마리. 창은 그녀의 동반자인 쿠마라의 무기. 6세기.[19]

062

063

리슈나로 등장하고, 왕자에게 무사의 의무를 다하도록 권장한 다음 그에게만 자신의 거대한 본래 모습을 나타내 보였던 것이다. 원래는 야다바Yādava족(〈야두의 자손〉이란 뜻으로, 야두를 조상으로 하는 부족, 크리슈나는 이 부족 출신이다―역주)의 재주가 뛰어난 우두머리를 모델로 했다고 일컬어지는 크리슈나 신화는, 이윽고 목동 크리슈나와 처녀 목동 라다의 연애 이야기로 융화된다. 한편 서사시《라마야나*Rāmāyana*》에 등장하는 왕자 라마도 비쉬누의 화신化身으로 생각되어진다.

후세, 비쉬누의 화신으로는 일반적으로 산돼지・사람 모습의 사자(인사자人獅子)・난쟁이・물고기・거북・파라슈라마Paraśurāma(도끼를 든 라마)・라마Rama・크리슈나・불타, 그리고 칼키Kalki의 10가지로 헤아려진다. 악마에게 붙잡혀서 물 속에 잠긴 대지大地를 비쉬누

---

062 바이슈나비. 비쉬누의 소지품인 원반과 곤봉을 들었다. 랄리트・칼라・바반.(베나레스)
063 인드라니. 인드라의 소지품인 금강을 들었다. 랄리트・칼라・바반.(베나레스)

가 산돼지로 모습을 바꾸어서 구제했다고 한다. 악마의 신 히라니야카시푸Hiranyakasipu를 죽이기 위해 비쉬누는 반신은 사자, 반신은 인간의 모습으로 나타난다. 난쟁이로 모습을 바꾼 비쉬누는, 삼계三界의 주권을 탈환하기 위해 갑자기 거인이 되어 삼계를 세 발자국으로 건넜다고 전해지고 있다. 그리고 비쉬누는 홍수를 알아내기 위해 물고기가 되었고, 불사不死의 감로수를 뽑아내기 위해 유해乳海를 휘저어 섞을 때, 비쉬누는 선회의 축이 되는 만다라 산山을 등에 업은 거북이 되었다. 또한 〈도끼를 든 라마〉(파라슈라마)가 되어 무사들을 전멸시켰다. 힌두교도는 불타를 비쉬누의 화신으로 생각한다. 최후의 화신인 칼키Kalki는 미래에 나타나서 인류를 구제하는 자인 것이다.

　비쉬누의 이와 같은 10가지 화신신화化身神話는 범인도적인 규모로 확산되어, 이른바 〈커다란 전통〉의 한 기둥이 되었다. 원래는 다른 전승이 통합되어 〈신화의 천국〉을 완성해낸 것이다. 각기 전통의 계보를 그대로 지키면서, 전체를 통합하기 위해 화신사상이 적용되었다. 이러한 화신化身은 조형작품으로도 표현되어, 사람들에게 비쉬누의 이미지를 심어주었다.

　〈커다란 전통〉을 지닌 자들이 지방으로 옮겨와 살며, 그 토지의 〈작은 전통〉과 마주했을 때, 그들은 이 두 가지 전통을 통합하려고 했다. 〈작은 전통〉의 신 a는, 실은 〈커다란 전통〉의 신 b의 화신으로 삼으므로써, 다른 두 개의 전통이 결부되었다. 예를 들면 마하라슈트라Maharashtra 주州에서 잘 알려져 있는 비타르신은 비쉬누의 화신으로 생각되어지고 있는 것이다.

시바신과 그 형상(무르티)

　〈시바〉(길상吉祥의 신)란 원래는 베다 문헌 속에서 폭풍우의 신 루드

064

065

라Rudra(《리그 베다》의 폭풍신·폭풍우신 마르트의 아버지. 시바신의 전
신前身 —역주)에게 주어진 형용사이며, 후세의 시바신은 그 전신前身
이 루드라이다. 비쉬누신은 화신(아바타라)을 갖고 있지만 시바는 일
반적으로 상相(무르티)을 지닌다고 일컬어진다. 비쉬누가 전혀 다른 여
러 가지의 모습으로 변신하는 데 비해 시바는 자신의 모습을 그다지 바
꾸지 않는다. 그렇지만 시바의 가장 유명한 〈모습〉은 비쉬누 화신化身
의 동태보다도 훨씬 자극적이다. 즉 링가(남근)이다. 이것은 태고太古
의 남근 숭배가 시바 숭배 속에 수용된 결과이다. 힌두교도에게 링가는
시바의 상징으로 그치는 것이 아니라, 시바의 모습 그 자체이다. 생명력
의 구현인 링가의 형태와 인간(예를 들면 행자行者)을 닮은 형태와의 도
상상圖像上 차이는 힌두교도에게 있어서 결정적인 것은 아니다. 남근男

064 바라히. 어린아이를 안은 이 모신은 그녀의 상징인 물고기를 들었다.
　　인도 박물관.(캘커타)
065 차문다. 인도에서는 올빼미를 타고 다니는 경우가 많다.
　　랄리트·칼라·바반.(베나레스)

根도 행자行者도 모두가 시바의 모습 그 자체인 것이다.

시바는 인간들에게 은혜를 베풀어 주는 신인 동시에 파괴·살육의 신이다. 시바는 악마의 신 라바나Ravana에게 은혜를 베풀어 주기도 하고 갠지즈 강의 강하降下를 막아 주기도 하는 한편, 사랑의 신 카마Kama를 불로 태워 죽이고, 죽음의 신 카라Khara를 퇴치한다. 이러한 신화의 장면은 조형작품으로도 종종 표현된다. 삼도三都의 마신魔神이며 코끼리의 마신魔神을 퇴치하는 장면은 조각가가 즐겨 사용하는 주제이다.

무시무시한 형상의 시바를 바이라바(무시무시한 것)라 부른다. 개(부정한 것으로 되어 있다)를 데리고 남근을 세워 놓은 자세로 표현되는 경우가 많다.(그림 067) 후세에는 8인의 바이라바가 등장하며, 팔모신과 각각 쌍을 이루게 되었다. 팔모신과 바이라바 숭배는 특히 네팔에서 잘 알려져 있다. 그렇지만 여덟 바이라바와 힌두의 주신主神인 시바의 관계는 그다지 밀접한 것은 아니다. 바이라바들은 시바 신화에서 떨어져 나와, 자신들의 특징을 시대와 더불어 갖가지로 몸에 지니게 되었기 때문이다. 비쉬누의 요소조차도 바이라바 속에 들어가 있는 것이다.

사나운 여신들의 등장

7,8세기로 들어와, 힌두이즘의 역사 속에 주목할 만한 변화가 나타난다. 베다 종교에서는 여신들이 별로 활약하고 있지 않았는데, 이 시기에 여신의 세력이 대두하는 것이다. 힌두교에서 가장 잘 알려져 있는 여신인 두르가Durga, 별명〈물소의 마신을 살해한 여신〉의 형상은, 쿠샨 왕조(100—250년) 때에 이미 만들어진 것으로 추정된다. 그러나 여신이 남신男神을 능가하는 힘을 갖기 시작한 때를 명확하게 알려주고 있는 문헌은, 전술한 바와 같이《여신의 위대함》이다.

---

066 싱히니Simhinī. 비쉬누의 화신 중 하나인 느르싱하Nrsimha(인사자人獅子)의 비.
이 여신이 팔모신 중의 하나이다. 인도 박물관.(캘커타)

067

068

숭배를 집중시키는 〈부정한〉 신

《여신의 위대함》속에는, 또 하나의 무시무시한 여신이 등장한다. 칼리Kali이다. 이 여신은, 두르가가 적인 악마의 신 락타비자Raktavija (피를 종자로 하는 자)와 싸우고 있을 때, 두르가의 안면에서 태어났다고 전해진다. 이 악마의 신이 상처를 입고 피를 흘리기 시작하자, 그 피에서 금세 그와 동등한 힘을 가진 마신들이 나타났던 것이다. 대여신大女神으로부터 응원을 받은 칼리 여신은, 거대한 입을 벌려 피에서 태어난 괴물들을 삼켜 버리고, 또한 마신 락타비자의 상처에서 피를 마신다. 칼리는 마신에게서 최후의 피를 마시고, 그를 살해해 버리는 것이다. 이

067 시바의 외포상畏怖相 바이라바. 인도에서는 부정한 동물로 여기고 있는 개를 기르고 있다. 랄리트 · 칼라 · 바반.(베나레스)
068 바이라바. 해골의 머리장식을 하고 두개골 잔을 들었다. 살나트 박물관.
069 링가(남근)를 곧추세운 바이라바. 링가는 시바의 상징이다. 중앙인도. 약 700년. 대영박물관.(런던)

074

처럼 칼리는 생피를 좋아하는 신이다. 이 여신의 형상은 인도 벵골 지방에 특히 많고, 네팔에서도 자주 볼 수 있다. 여신은 잘라낸 머리를 한 손에 들고, 그 머리에서 떨어지는 피를 받는 두개골 잔을 또 하나의 손에 들고 있다. 그녀의 목에는 잘라낸 사람의 머리를 연결해서 만든 목걸이가 걸려 있고, 허리에는 잘라낸 손을 이어서 스커트를 만들어 입고 있다. 입술에는 피가 묻어 있고, 길고 빨간 혀를 내밀고 있다.

그런데 이처럼 〈죽음을 사랑하는〉(네크로필러스) 칼리는, 산제물의 피를 요구하는 신인 동시에, 사람들에게 은혜를 내려주는 여신이기도 하다. 그녀는 힌두교도의 일부 계층에서만 숭배되고 있는 것이 아니라, 농민 등의 대중에서부터 매우 정교하고 치밀한 교양 체계를 구축한 신학자에 이르기까지, 폭넓은 층의 사람들로부터 존경받고 있다.

---

070 물소의 마신을 살해한 여신.(Mahiṣāsuramardinī) 머리가 잘린 물소의 목에서 악마의 신이 모습을 드러냈다. 힌두의 조각가가 즐겨하는 주제의 하나이다. 오리사. 8세기 무렵. 대영박물관.(런던)

071 물소의 마신을 살해한 여신. 그림 070과 거의 같은 구도.《여신의 위대함》속에 들어 있는 세 가지 에피소드 중 제2의 에피소드에 기초를 두었다. 오리사. 13세기 무렵. 대영박물관.(런던)

076

팔모신의 한 사람인 차문다도 그 기괴한 점에서는 칼리와 비슷하다. 사실 카트만두에서 이 양자는 종종 동일시된다. 또한 인도적 전통에서도, 어떤 종류의 차문다는 〈칼리〉로 불리우고 있다.

대여신大女神으로의 통합

루드라(시바)의 아내 사티는, 루드라에 대한 자기 부친의 처사를 비탄하며 불 속에 몸을 던진다. 아내의 사체死體를 메고 날뛰는 루드라, 즉 시바의 노여움을 달래기 위해 비쉬누는 사티의 신체를 원반으로 잘게 잘랐다. 사티의 신체 각부분은 전세계로 흩어져서, 그곳에서 많은 여

---

072 칼리 여신. 이 여신의 이미지는 그림 073에서 볼 수 있듯이 보통은 피투성이의 무시무시한 모습이지만, 이 그림처럼 부드러운 이미지로 표현된 것도 있다. 본래 여신의 머리카락은 거꾸로 치솟아 있고, 이 여신의 광포함을 시사하고 있다. 인도 국립박물관.(뉴 델리)

073 칼리 여신. 이 그림은 사원과 가정에서 조상彫像의 대용으로 쓰인다. 시판되고 있는 것으로, 이 여신이 오늘날의 이미지를 가장 잘 전하고 있다. 남편 시바를 밟고 있

신이 탄생했다고 한다. 이것은 지방의 〈마을의 신〉(그 대부분은 여신이다)과, 시바의 비妃 즉 〈커다란 전통〉의 여신이 본래는 동일한 것이었다는 점에 권위를 부여하기 위한 신화상의 조작이었다.

이렇게 해서, 실은 수백 명의 여신이 대부분 시바의 비妃로 간주되고 있다. 한편 본래 처녀신이었던 두르가는, 바라문 정통파의 〈커다란 전통〉 속의 여신으로서 지위를 확립함과 동시에 시바의 비妃와 동일시되었다. 이와 같은 통합의 경향은 이윽고 〈대여신〉(그림 075)을 낳고, 그 결과 어떤 여신이건 대여신이 모습을 나타낸 것이라고 생각하게 되었다.

무시무시한 요기니Yogini들

11,2세기 이후가 되면 〈요기니Yogini〉로 불리우는 여신 집단이 힌두교와 불교의 판테온에 등장한다.

〈요기니〉란 〈요긴〉의 여성형이며, 문자 그대로는 여성 요가 행자行者를 의미한다. 그녀들은 초능력을 갖고 있으며, 허공을 날아다니고, 인간을 동물의 모습으로 바꿀 수 있다고 한다. 종종 시체의 숲에 살고 있는 그녀들은 이른바 〈마녀〉이다.

오늘날 인도에 남아 있는 요기니 사원은 폐쇄된 원형이며, 주위에는 64체體의 요기니 상像이 감실에 배치되어 있다.(그림 076) 이들 여신 중에는 두개골 잔으로 피를 마시는 자도 있다.(그림 077) 요기니 숭배가 어떠한 것이었던가에 관해서는 이후의 연구에 맡기기로 한다. 그렇지만 오늘날 네팔·티베트에서는 요기니 숭배가 아직 뿌리 깊게 남아 있으며, 두르가 숭배보다도 주술적·비의적秘儀的 색채가 강하다.

일반적으로 요기니는 64인人으로 이루어져 있지만, 이 목록 속에 칠모신이 포함되는 경우와 그렇지 않은 경우가 있다. 〈칠모신을 첨가하는 경우에는 요기니들에게 보다 높은 지위를 부여하지만, 첨가하지 않을

는 것은 칼리의 힘이 남편의 힘을 능가함을 나타내고 있다.
074 캘커타 칼리 사원의 칼리 여신상. 칼리는 원래 뱅골에서 숭상하던 여신이며, 캘커타는 칼리 숭배가 번성한 지역이다. 칼리 사원은 칼리 숭배의 중심지이다. 이 그림은 칼리 사원의 본존本尊 칼리의 이미지를 나타낸 것이다. 혀를 내밀고 있는 것은 생피를 요구하는 것이다. 왼손의 칼은 고기를 자르는 식칼이다. 1985년 칼리 사원에서 입수.[20] 17cm×11.5cm.

때에는 약간 낮은 지위를 부여한다〉고 지적되고 있다.[21] 어찌되었거나,
요기니들과 모신들은 밀접한 관계가 있다고 생각된다.

힌두 모신들의 모습

인더스 문명 이후, 장구한 생명을 누려온 대지모신大地母神들은, 조
상彫像을 중시하는 힌두교 속에서 각각의 모습을 부여받았다. 그렇지만
그 모습은, 이미 서술한 바와 같이 힌두 남신男神 비妃들의 모습을 빌려
온 것이었다. 일반적으로 모신은 각각〈남편〉의 지물을 자기의 지물로
하고, 남편의 승물乘物을 타고 있는 모습으로 묘사되어 있다.(표 1 참조)
　표 1 힌두 모신들의 지물・승물・남편 혹은 동반자 그룹으로서가 아
니라, 개개의 비妃로 표현될 경우(그림 057・059・062・063)에는 모신

[표 1] 힌두 모신들의 지물・승물・남편 또는 동반자

모신 이름	지 물	승 물	남편 또는 동반자
브라흐마니	물병	한사조(들오리)	브라흐만(梵天)
루드라니(마헤슈바리)	삼지창	소	시바(루드라)
카우마리	짧은 창(샥티)	공작	쿠마라(韋馱天)
바이슈나비	원반・법라패	가루다조	비쉬누
바라히(해모)	고기・밧줄・갈고리	물소	바라하(산돼지)
인드라니	금강・우산	코끼리	인드라(帝釋天)
차문다	칼・방패	올빼미・사체・아귀	야마(염마閻魔・일반적으로 물소를 타고 있다)
마하락슈미	칼・방패	사자	남편은 불명

075 데비Devī. 후세 힌두교에서 여신들의 세력이 강대해지자, 대부분의 여신을 통합한
　대여신(데비)이 등장했다. 이 그림은 그러한 데비상의 한 예이다. 다양한 여신을 통
　합하여 대여신이 되었을 때의 이미지는 이 그림처럼 단순한 이미지로 표현된 것이
　많다. 대여신 데비상은 여러 여신의 메타・이미지라고도 할 수 있는 것이며, 여신 숭
　배의 구체적인 개개의 의례에서 이 그림과 같은 상이 이용되는 적은 많지 않다. 인도
　국립박물관.(뉴 델리)

077

으로서의 도상학적 특징은 거의 찾아볼 수 없다. 다만 그림 060과 같이, 다른 모신상母神像과 세트로 제작되었다고 생각할 수 없는 경우에도 어린아이를 안고 있는 일이 있다.

　말할 필요도 없이, 여신女神들이 언제나 인간의 모습으로 표현된다고는 한정할 수 없다. 예를 들면 그림 080은 남인도의 유명한 마리아이 Mārīaī 여신 사원(그림 079)의 내부에서 볼 수 있는 마리아이 여신들의 상징이다.[22] 둥근 돌에는 빨간 페인트가 칠해져 있고, 두 개의 검은 점으로 〈눈〉이 표현되어 있다. 각각의 돌은 〈두르가〉·〈시타〉(라마 왕자의 아내)·〈사라스바티〉등으로 불리운다. 여기서도 토착적인 마리아이 여신이 〈커다란 전통〉으로 편성되었거나, 혹은 그것을 수용하고 있는 것이라고 생각된다.

---

076 히라푸르Hirapur의 요기니 사원 내부(부바네스바르 시 교외), 12-3세기. 중앙의 제단을 중심으로 주위를 60여 존尊의 여신상이 원형으로 설치되어 있다. 좁은 출입구가 세워져 있지만, 사원의 내부 중앙에 있는 사각 제단을 에워싼 원형의 장場은 요기니들에게 둘러싸인 〈폐쇄된 공간〉이다. 1985년 8월.

077 그림 076의 요기니 사원에 세워져 있는 요기니 가운데 1존.[23]

078

대지모신大地母神의 긴 생명

칠모신 혹은 팔모신들도 시바 숭배의 우산 속으로 편성되었고, 비쉬누나 야마 들의 비妃의 성격이 점차적으로 회미해지고, 전원이 시바의 비妃로 간주되게 되었다. 엘로라Ellora 석굴의 칠모신상七母神像(그림 054)의 양편에 시바와 그의 아들 가네샤가 있는 것은 이 점을 나타내 보여주고 있다. 그러나 여신들은 남편 시바를 버리고 새로운 〈남편〉 바이라바(시바의 외포상畏怖相)를 얻게 된다. 원래는 벵골 지방의 〈마을의 신〉이었던 칼리Kali 여신이 〈남편〉 시바의 신체 위에서 춤추고 있는 모습으로 종종 표현되고 있는 것은, 이 여신의 세력이 〈남편〉의 힘을 초

078 논가에 서 있는 바이라바상.(푸나 시 교외)

079

월하고 있음을 의미하고 있다. 여덟 바이라바와 팔모신의 경우에도 도상학적으로는 팔모신 쪽이 더욱 확정적이고, 바이라바의 여러 특징은 불확정적인 요소가 많다.

그렇지만 힌두교 남신男神들의 비妃로서의 모습은 분명히 대지모신 본래의 모습은 아니다. 인더스 문명 시대의 모습이 비록 있었다고 하더라도, 그것이 어떠한 것이었던가를 상세하게 안다는 것은 현단계에서는 어렵다. 애초에 그녀들에게 모습이 있었는지도 확실하지 않다.

모신들이 남신男神의 비妃로서 나타나는 것은 화신(아바타라)이 아니다. 적어도 비쉬누의 화신化身과 같은 의미의 것은 아니다. 시바의 형상(무르티)과도 다르다. 마을의 신 a와 신 b가 대여신을 중개자로 하여 동일시되는 경우와도 질이 다르다.

---

079 마리아이Māriaī 사원의 문.(푸나 시 북쪽) 1977년 8월.

080

칠모신은 힌두 판테온에서도, 그녀들을 영입하고 있는 불교 판테온에
서도 중심적인 위치를 차지하지는 않는다. 칠모신을 중존中尊으로 하는
힌두 사원도 없고, 그녀들을 중존中尊으로 하는 불교 만다라도 없다. 그
녀들은 언제나 판테온의 변경에 있다. 남신男神들이 비妃로 위치한다는
것은, 설령 〈남편〉의 세력을 능가하는 세력을 지닐 때라 하더라도 그녀
들이 남편에게 〈귀속하는〉 종속적 존재임을 나타낸다고 할 수 있다. 그
러나 그녀들은 힌두교 또는 불교의 어떠한 남신男神보다도 긴 생명을
누리고 있다. 이 같은 여신들과 남신들 사이의 복잡한 관계는 일반적인
〈아니마〉의 뒤틀림이라기보다도, 원래 비정통파였던 여신 숭배가 끈질
긴 생명력으로 정통파에 편성되게 되었다는 사실 탓일 것이다. 그녀들
이 언제나 그룹으로 나타나는 것은 그녀들에게서 결코 떼어 놓을 수 없

---

080 마리아이 사원의 내부. 복수複數의 돌은 여신들을 상징한다. 여신들 각각은 〈두르가〉
나 〈시타〉와 같은 〈커다란 전통〉에 속하는 여신들의 이름으로 불리고 있다. 1977년
8월.

는 특질이지만, 그 의미는 분명치 않다.

각각의 모신에게 어떻게 본래의 이름이 붙여지게 되었는지도 분명치 않다. 그러나 그녀들 대지모신들은 후세 토착적인 신들을 향한 숭배가 되살아남에 따라서, 당시의 유명했던 여신의 모습으로 나타난 것이다. 바꾸어 말하면 〈7인의 모신〉이라는 그룹 자체가 옛날 기원을 지닌 전통의 부활이라고 볼 수 있다. 그러나 이 힌두이즘의 대지모신은 그녀 자신, 또는 그녀들 자신의 모습을 나타내지 않는다. 본래의 모습이 어떠한 것인지, 처음에 도대체 모습이 있었는지 없었는지는 지금은 알 방법이 없다.

제2장

카트만두의 여신들
The Mother-Goddesses in Kathmandu

081 바라히 Vārāhī

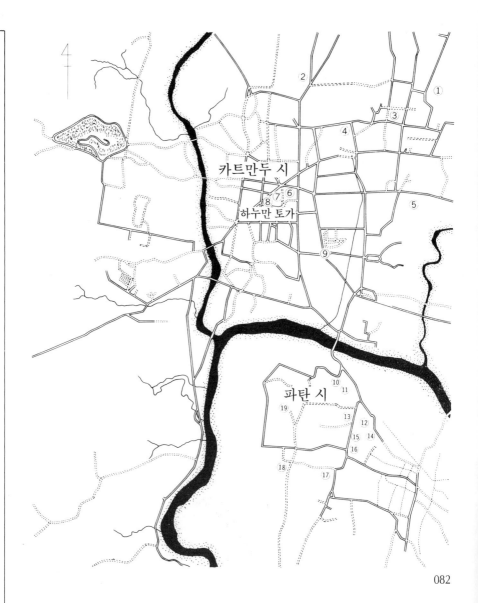

082

082 카트만두 시와 파탄 시
1 하디가온 바가바티	6 타라니	11 바갈라무키	16 순다리 쵸크
2 바가바티 만디르	7 탈레쥬	12 베라첸 바이라바	17 이카라크 바이라브
3 낙살 바가바티	8 칼 바이라브	13 크리슈나 만디르	18 푸르나 찬디
4 안나푸르나	9 바드라칼리	14 오라크 가네슈	19 찬디스바리
5 칼리카스탄	10 쿰베슈바르	15 물 쵸크	

부바네스바르
파슈파티나트
바차레슈바리

스바얀부

카트만두

찬구 나라얀 사원

파 탄

바드가온

다킨 칼리 사원

083

카트만두 분지

히말라야 산맥은 일찍이 유라시아Eurasia 대륙에 남아시아 대륙이 충돌한 결과 융기한 것으로 추측된다. 네팔은 그 히말라야 남측의 경사면을 따라 위치해 있으므로 지형적으로는 고산지대, 아열대의 저지低地, 그 중간의 고원지대의 세 곳으로 나누어진다. 또한 문화적으로는 동, 서, 그 중앙의 세 군데로 나뉜다.[24] 따라서 네팔은 남북 방향으로 세 곳, 동서 방향으로 세 곳의 지역, 즉 아홉 군데의 지역으로 나눌 수 있다. 카트만두 분지는 고원지대로 중앙, 즉 지리적으로도 네팔의 중앙에 위치

---

083 카트만두 분지.(네팔 분지)
　　 이 분지는 동서 약 25킬로미터. 주위가 산으로 둘러싸여 있다.[25]

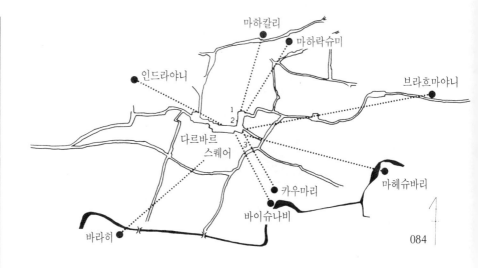

마하칼리

마하락슈미

인드라야니

브라흐마야니

1
2

다르바르
스퀘어

마헤슈바리

카우마리

바이슈나비

바라히

084

하며, 이 나라 문화의 중심을 이룬다. 이 분지에는 일찍이 리차비 왕조 (5―9세기) 시대로부터 힌두교가 성행하였다. 후세의 힌두교에서 여신 숭배가 성행하게 된 것은 특히 동인도에서였지만, 카트만두에서도 여신 숭배의 세력이 강해져 오늘에 이르고 있다. 〈칠모신〉 또는 〈팔모신〉 숭배가 현재 가장 현저하게 남아 있는 지역의 하나가 카트만두 분지인 것이다.

분지내에는 세 곳의 커다란 도시, 카트만두Kathmandu · 파탄Patan (랄릿푸르Lalitpur) · 바드가온Bhadgaon(박타푸르Bhaktapur) 시가 있다.(그림 083) 이들 세 도시는 각각 말라 왕조의 삼국시대(15―8세기)의 수도였다.

분지에 남아 있는 사본寫本 · 의례儀禮 · 조상彫像 등으로 판단하건대, 이 지역이 〈산스크리트 문화권〉의 일부를 이루고 있다는 점은 의심할 여지가 없다. 그러나 동시에 이 분지는 산스크리트 문화권의 동북쪽 끝에 위치해 있다. 비아리안적 요소와 비힌두적인 기원을 지녔다고 생각되는 〈칠모신〉 숭배가 카트만두 분지에서 성행하게 된 것은, 이 지리

---

084 바드가온(박타푸르) 시.
　　①탈레쥬 사원 ②탈레쥬 사원 입구(순 도카) ③카시 비스바나트 사원.
　　팔모신을 제사지내는 여덟 사원이 탈레쥬 사원을 중심으로 바드가온을 에워싸고 있다. 또한 여기서는 마하칼리가 차문다 대신 들어 있다.[26]

적인 조건과 관계가 없는 것이 아니다. 이미 서술한 바와 같이, 고대의 대지모신 숭배를 자기의 체계 속에 받아들인 힌두교도 〈칠모신〉을 결코 그 판테온의 중심에 두지는 않았던 것이다. 카트만두에서도 〈칠모신〉을 중존中尊으로 하는 사원은 존재하지 않는다.

카트만두의 팔모신八母神

제1장에서 본 마하라슈트라Maharashtra 주州의 예(그림 080)와 같이, 카트만두 분지에서도 여신 혹은 모신 들이 종종 돌의 표상으로 상징되고 있다. 그것도 복수複數의 돌인 경우가 많다. 예를 들면 그림 085는 바갈라무키Bagalāmukhī 여신 사원[27]의 본존(그림 087) 옆에 있는 여신군女神群의 상징이다. 이러한 돌에는 부조浮彫가 되어 있어서 2,3세기의 칠모신상이라고 주장하는 학자도 있다.[28] 또한 이 사원의 당지기 한 사람은 〈아홉 종류의 두르가 여신〉(나바 두르가)이라고 말한다. 현단계에서는 이러한 석상이 칠모신인지 아닌지는 결정할 수 없을 것이다.

그림 086은 바드라칼리Bhadrakali 사원(그림 154 참조)[29]의 경내에서 볼 수 있는 여신군女神群의 상징이다. 광배光背만을 아치형으로 표현하고, 여신 그 자체의 모습은 구상적으로 표현하고 있지 않다. 이런 종류의 형식은 카트만두의 길 모퉁이에서 자주 볼 수 있다. 사람들은 이 여신들을 〈아지마〉(조모)라 부르고 있다. 바드라칼리 사원의 아지마상像은, 바드라칼리 여신상이 있는 사원 중심부로부터 조금 떨어진 곳에 위치해 있다. 이것은 아지마 여신, 혹은 모신군母神群을 향한 숭배 형태가 칼리 숭배의 형태와는 일단 다른 것으로 간주하고 있음을 나타낸다.

그림 087은 무시무시한 여신의 하나인 바갈라무키 사원의 본당 내부를 보여주고 있다. 이곳에서는 여신이 탄트리즘의 전통에 따라서, 구체적인 형상으로서가 아니라 〈구멍〉으로 상징되고 있다.(그림 038 참조)

085 바갈라무키Bagalāmukhī 사원의 칠모신, 또는 나바 두르가상.(부분)
086 바드라칼리Bhadrakālī 사원 경내의 토착적 여신(아지마)상.
087 바갈라무키 여신에게 공양하는 사람들.
  그림 085의 석상은 이 제단 맞은편 왼쪽에 있다. 1985년 7월.

085

086

088

그런데 카트만두 분지에서 팔모신은 일반적으로 여성의 모습으로 표현되며, 그녀들의 조상彫像은 사원 건축의 중요한 부분이 되고 있다. 그림 089~096은 카트만두 분지에서 출판한 힌두교 도상집圖像集에 수록되어 있는 팔모신의 모습 가운데 한 예이다.[30]

타라니Tarani 여신의 사원

네팔의 사원 지붕은, 처마로부터 비스듬히 걸쳐 있는 〈버팀목〉에 의해 지탱되고 있는 것이 일반적이다. 이 버팀목에서 종종 신들의 조상彫像을 볼 수 있다. 특별히 만들어진 형상을 붙이는 경우도 있지만, 버팀

088 타라니 여신의 사원에 공양하러 온 소녀. 1984년 8월.

목에 직접 조각을 한 경우도 있다. 버팀목에서 볼 수 있는 신들의 조상 影像은 카트만두 마을의 〈주인〉이며, 이 마을에 독특한 분위기를 부여하고 있다. 그렇지만 버팀목에 신들의 형상이 있는 것은 사원·왕궁 등의 경우이며, 민가의 버팀목에는 일반적으로 보이지 않는다.

현재의 카트만두 시내에는 현 구르카 왕조(1767년—)의 왕궁도 있지만, 市의 문화적 중심은 여전히 옛 왕궁이다. 이 옛 왕궁의 탈레쥬 Taleju 사원(그림 170)에 인접하여, 샥티파(여신 숭배파)에 속하는 타라니Tarani 사원이 있다.(그림 097·098)[31] 이 사원의 버팀목에는 팔모신·시바 및 바이라바의 형상이 있다. 이러한 형상은 가늘고 긴 기둥인 버팀목에 새겨져 있기 때문에 정적으로 표현되어 있지만, 카트만두에 있어서 버팀목에 나타난 팔모신 또는 시바신의 표현으로는 전형적인 것이다.

타라니 사원의 像像은 팔이 8개인 팔비상八臂像인데, 몇 개의 팔이 가지고 있는 지물이나 혹은 인상印相에는 공통점이 있다. 즉 다음 페이지 이후의 사진에서 볼 수 있듯이 가슴 앞에 위치한 오른쪽 첫번째 팔에 두개골 잔을, 마찬가지로 가슴 앞의 왼쪽 첫번째 팔에 〈집게손가락과 약손가락 끝을 모아 원을 만든 인상印相(길상인吉祥印)을, 그리고 오른쪽 네번째 팔에 칼을, 왼쪽 네번째 팔에 방패를 들고 있다는 점은 공통된다. 그렇지만 왼쪽 네번째 팔을 빼는 경우가 있기도 하고, 오른쪽 첫번째 팔의 지물을 없애는 경우도 있는데, 현재 남아 있는 다른 부분에서 그와 같은 점을 추측할 수 있다.

좌우의 세번째 팔에는 차문다(그림 100)의 해골 막대기(왼쪽), 인드라니(그림 103)의 금강(오른쪽), 바이슈나비(그림 014)의 원반(오른쪽), 그리고 브라흐마니(그림 106)의 밧줄(왼쪽)과 같이 각각의 모신에게 갖추어진 특징적인 지물 혹은 상징을 볼 수 있다. 좌우의 두번째 팔은 〈타르쟈니인印〉(집게손가락을 뻗어서 사람을 위협하는 행태)의 것이 많다. 이와 같은 것으로 미루어 본다면 이 像像의 제작자 또는 이미지의

वृद्धाणी गौरवर्णा

089 브라흐마니. 한사조를 탄다.

रुद्राणी श्वेतवर्णा

090 루드라니. 소를 탄다.

कौमारी रक्तवर्णा

091 카우마리. 공작을 탄다.

वैष्णवी श्यामवर्णा

092 바이슈나비. 가루다조를 탄다.

- 그림 089의 물병과 염주는 브라흐만의 소지품이다. 브라흐만은 사면四面으로 표현되어 있는 것이 많다.
- 그림 090의 삼지창은 시바의 무기이다.
- 그림 091의 짧은 창은 쿠마라(스칸다)의 무기이다.
- 그림 092의 법라패는 비쉬누의 특징적인 지물이다. 바이슈나비가 오른손에 든 차크라(원반)는 〈원형의 부메랑〉으로도 일컬어지는 것으로서 이것으로 적을 벤다.

093 바라히. 물소를 탄다.

094 인드라니. 코끼리를 탄다.

095 차문다. 올빼미와 아귀를 탄다.

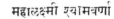

096 마하락슈미. 사체를 탄다.

- 그림 093의 바라히(해모)는, 태양 에너지의 권화權化로 일컬어지는 바라하(산돼지)의 여성형으로 산돼지의 얼굴을 한 것이 많다.
- 그림 094의 인드라니가 손에 든 것은 남편 인드라의 무기이다. 이것은 원래 번개를 의미했다. 불교 탄트리즘에서는 이것이 금강저이다.
- 그림 095의 차문다는 네팔에서는 인간(아귀)을 타고 있는 것이 많다.
- 그림 096의 마하락슈미의 등뒤에 펼쳐져 있는 것은 코끼리의 생가죽이다.[32]

097

제공자는, 세번째 팔을 각각의 여신에게 특징적인 지물을 들게 하는 팔로 여겼던 것으로 생각된다. 이 점은 단순히 이 사원에 한정된 것이 아니라, 다른 사원에 있는 다비상多臂像의 경우에서도 관찰할 수 있는 것이다. 더욱이 이 사원의 팔모신의 배열방식은, 시바와 바이라바가 안에 들어가 있기 때문인지, 여신들에게서 자주 볼 수 있는 배열이 지켜지지 않고 있다.

다킨 칼리Dakshin Kali 사원의 칠모신七母神

카트만두 분지의 남쪽, 분지를 에워싸고 있는 산 너머에 다킨 칼리

---

097 타라니 여신 사원의 본당 정면.
　　버팀목에는 시바, 그 외포상畏怖相 바이라바, 그리고 팔모신상이 있다.

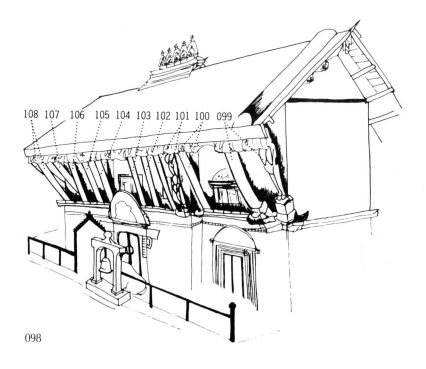

108 107 106 105 104 103 102 101 100 099

098

사원이 있다.[33] 〈다킨〉이란 산스크리트의 〈다크시나Daksina〉의 사투리 형태로 〈남쪽〉을 의미한다. 〈다크시나 칼리〉란 〈남쪽을 향한 칼리〉라는 뜻이다. 인도적 전통에서는 남쪽이라는 방향을 기피한다. 남쪽에는 죽은 영혼이 살고 있다고 믿기 때문이다. 예를 들면 베다의 제사 의식에서도, 기름을 불에 붓기 위한 제사 국자는 결코 남쪽 방향으로 국자 부분을 놓아두지 않는다. 따라서 〈남쪽을 향한 칼리〉란, 다양한 종류의 칼리 중에서도 가장 무서운 칼리이다. 분지의 사람들 사이에서 이 사원은 유명하며, 오늘날에도 여전히 엄청나게 많은 양의 산제물의 피가 이곳에서 흐르고 있다.

　동물 희생에 관해서는 갖가지 견해가 있을 것이다. 이 분지에서도 채식주의 사람과 그렇지 않은 사람이 있고, 채식주의자는 신에게 생피를

─────────────────

098 타라니 여신 사원의 본당 버팀목의 배치도.

099 바이라바. 신체는 청색. 승물의 명칭은 불명.

100 차문다. 신체는 살색. 아귀餓鬼를 탄다. 바이라바와 시바 사이에 끼여 있다.

101 시바. 신체는 백색. 소를 탄다.

102 마하락슈미. 신체는 황색. 사자를 탄다.

103 인드라니. 신체는 적색. 코끼리를 탄다.

104 바이슈나비. 신체는 녹색. 가루다조를 탄다.

105 루드라니. 신체는 황색. 사자를 탄다. 물소의 뿔이 받들고 있다. 그림 169 참조.[34]

106 브라흐마니. 신체는 황색. 한사조를 탄다.

107 바라히. 신체는 살색. 물소를 탄다.

108 카우마리. 신체는 살색. 공작을 탄다.

109

바치는 사람들의 행위에 불쾌감 또는 혐오감을 느끼고 있다. 그러나 육
식을 한다는 전제에 입각한다면, 그 전제 자체가 문제된다 하더라도 신
을 향한 〈봉헌〉으로서 먼저 제물을 올리는 행위를 〈잔혹〉이라든가 〈야
만〉이라는 말로 단정지을 수는 없을 것이다.

　다킨 칼리 사원의 본존本尊은 산제물의 피를 요구하는 칼리 여신이
다. 그렇지만 이곳에서는 칠모신을 칼리와 가까운 존재라 하여 제사지
내고 있다.(그림 109·110) 즉 다킨 칼리의 상像 왼쪽에 칠모신의 상像
이 있고, 산제물의 피는 칠모신상 위에도 끼얹어져 있다. 제3장에서 보게
되듯이 《여신의 위대함》 속에서, 칠모신은 칼리와 함께 대여신 두르가
를 도와 악마의 신들과 싸우는데 칠모신은 때때로 〈피를 좋아하는 어머
니〉로 등장한다. 팔모신이 널리 분포되어 있는 카트만두 분지에서 이곳

---

109 다킨 칼리 여신 사원의 전경.
　사진 중앙에 보이는 두 개의 작은 건물 배후에 칼리상(그림 110)이 있다.
110 다킨 칼리 여신. 이 상像 앞에 동물이 희생犧牲으로 바쳐져 있다.

111

의 칠모신상七母神像은 오히려 희귀한 경우이며, 인도의 옛 전통을 전하고 있다고 말할 수 있다.

모신들 오른쪽에 시바의 아들 가네샤가 있다. 가네샤의 위치는 인도의 전통적인 방식과는 다르게 되어 있다. 일반적으로 그림 054·055에서 보여지듯이 가네샤는 모신들 좌측에 있다. 그러나 모신들의 배열방식 그 자체는 인도의 일반적인 전통과 일치한다. 칠모신은 오른쪽부터, 즉 마주 보아서 왼쪽부터 브라흐마니·루드라니·카우마리·바이슈나비·바라히·인드라니 그리고 차문다의 순서로 늘어서 있다. 단지 엘로라 제14굴 등에서는 시바(비라바드라)가 오는 위치에 가네샤가 오고, 가네샤의 위치, 즉 차문다의 왼쪽 옆에 다킨 칼리가 온다. 다킨 칼리 왼쪽에는 신들의 상像이 없는데(그림 110), 왜 이러한 배치를 하였는지는

111 다킨 칼리 여신.(그림 110 참조)
　　바이슈나비, 바라히, 인드라니, 차문다.(마주 보아서 왼쪽부터)

112

밝혀지지 않고 있다. 〈지위가 좀더 높은 자〉가 오른쪽으로 온다면, 다킨 칼리가 가네샤의 위치에 오더라도 괜찮았을 것이다. 이러한 〈역행〉은 〈남쪽 방향의 칼리〉가 좋아하는 것일지도 모른다. 또한 브라흐마니・루드라니・카우마리와 같이 소위 힌두교 속의 정통파 신들이 가까이 있는 것보다는, 차문다나 바라히와 같은 비정통파 신들이 가까이에 있는 쪽이 칼리에게는 어울릴 수도 있을 것이다.

칠모신이 태고太古 시대의 대지모신 숭배의 잔재를 지니고 있는 것은 분명하다. 그렇지만 각기의 〈남편〉(男神)의 비妃로서 힌두교 속에 편입되어 있는 현재의 직능 등에서, 예전의 대지모신이 지녔던 직능을 추정한다는 것은 거의 불가능하다. 예를 들면 카우마리(처녀)가 희생의 피를 요구하는 무시무시한 모신이라는 것은 모순이다. 브라흐마니도 〈피

112 가네샤, 브라흐마니, 루드라니, 카우마리.(마주 보아서 왼쪽부터)
벽 전체가 산제물인 짐승의 피로 빨갛게 물들어 있다.

113

를 좋아하는〉여신은 아니다. 그러나 칠모신이 하나의 집합체로서 기능할 때에 무시무시한 모신의 성격을 내비칠 수가 있다. 여신 숭배파의 성전《여신의 위대함》속에서 칠모신은 두르가의 병사가 되어, 칼리와 함께 피비린내나는 전투에 참가한다. 다킨 칼리 사원의 칠모신은 각각의 모습으로 표현되어 있지만, 그룹으로서 기능하고 있는 것으로 생각된다.

칼리카스탄Kālikāsthān 사원의 팔모신八母神

무시무시한 여신의 사원은 마을의 입구에 위치하는 경우가 많다. 다킨 칼리 사원은 카트만두 분지를 에워싸고 있는 산 너머에 서 있지만, 카

---

113 칼리카스탄Kālikāsthān 사원 전경.
114 칼리카스탄 사원 본당의 패널.(그림 115 참조)
　여신의 머리 위에 꽃이 바쳐져 있다. 1984년 8월.

115

트만두 시의 옛 동쪽 끝으로 생각되는 지점에는 칼리카스탄Kālikāsthān 사원이 있다.(그림 113)[35] 칼리카스탄이란 〈칼리의 자리〉라는 의미로, 그 지역은 사원의 이름으로 불리우고 있다.(그림 082) 이 사원은 규모는 작지만 옛날부터 잘 알려져 있으며, 국왕도 참배하기 위해 이곳을 방문한다. 본당의 지붕에는 금으로 도금을 한 네 마리의 뱀이 사방으로 올라가고 있다. 뱀 위에서 자주 볼 수 있는 천개天蓋는 없다. 이 뱀은 아직도 창조 시기에 있는 세계를 감싸안은 〈원초의 뱀〉(우로보로스)으로 생각된다. 이러한 뱀은 〈토라나〉(鳥居)라고 불리우는 반원형의 문장식에도 나타난다.(그림 127〜129)

본당 입구 위에 보이는 두 개의 삼각형이 짜맞추어져 있는 상징은, 남성 원리와 여성 원리의 합일을 나타내고 있다. 정점을 위로 한 삼각형은

115 칼리카스탄 본당의 패널.
　칼리상 위에 팔모신의 작은 상像이 조각되어 있다.
　팔모신 각각에 관해서는 그림 117〜124를 참조.

116

남성 원리를, 정점을 아래로 한 삼각형은 여성 원리를 의미하고 있다. 여신은 남신男神의 힘(샥티) 그 자체이며, 여신의 힘이 없는 남신은 무력한 것이다. 이 두 개의 삼각형 아래에 인형처럼 보이는 것(그림 113) 이, 이 사원의 본존本尊(그림 114)이다.

그림 115는 그림 114에서 볼 수 있는 제존諸尊의 위치를 나타내고 있고, 그림 속의 번호는 그림 117∼124의 번호와 일치한다. 이 패널Panel 에는 팔모신이 삼단三段으로 표현되어 있는데, 다킨 칼리 사원의 경우 와 마찬가지로 팔모신상八母神像 배치에 애를 썼다. 최상단最上段에는 원래 칠모신에는 속하지 않았던 마하락슈미상이 놓여 있고, 제2단에는 오른쪽으로부터 브라흐마니・루드라니・차문다・카우마리・바이슈나 비로 줄지어 있다. 즉 중앙의 차문다는 일반적 전통에 따른다면 당연히

116 칼리카스탄 사원의 칼리. 그림 114의 부분. 릴리프 신상神像에 옷을 입힐 경우에는, 어린아이의 턱받이와 같은 인상을 준다.(그림 076 참조) 이 칼리는 차문다와 비슷한 모습을 하고 있다.

117 마하락슈미

118 바이슈나비

119 카우마리

120 차문다

- 각 여신상 아래에 문구가 새겨져 있기도 하지만, 이와 같이 새겨진 문구가 있는 것은 드물다.
- 그림 120의 차문다는 그다지 뼈가 앙상하지는 않다. (그림 116 참조)

121 루드라야니Rudrāyaṇī(루드라니)

122 브라흐마야니Brahmāyaṇī(브라흐마니)

123 바라히Vārāhī

124 인드라야니Indrāyaṇī(인드라니)

- 그림 123처럼 바라히만이 인간의 얼굴을 하고 있지 않는데, 이것이 일반적이다.
- 그림 124의 인드라야니 왼쪽 어깨에서 볼 수 있는 것은 전형적인 금강의 형태이다.

125

제3단에 위치해야 하지만, 이곳에서는 본존本尊 칼리와 가까운 관계에 있는 차문다가 칼리상의 머리 위에 배치되어 있다. 네팔에서는 칼리와 차문다가 종종 동일시되고 있다. 제3단에는 인드라니와 바라히가 온다. 바라히는 비쉬누의 산돼지(바라하) 화신의 비妃이지만, 특히 네팔·티베트에서는 비쉬누와 분리된 존재로 되어 있고, 무시무시한 여신으로 활약한다. 인드라니(인드라의 비妃)는 힌두교의 주요 신의 비妃가 아니다. 이렇게 해서 칼리카스탄 본당의 패널에는 팔모신이 인도의 옛 전통을 지키면서도 본존本尊 칼리와 가장 가까운 장소에 무시무시한 모신들, 또는 힌두교의 주요 신이 아닌 남신男神의 비妃를 배치하고 있는 것이다.

  이 팔모신들은 4개의 팔에, 공통적으로 오른쪽 첫번째 손에 시무외인

---

125 칼리카스탄 사원의 본존 앞에 무릎을 꿇고, 들고 온 접시 위에 있는 빨간 가루를 손가락으로 집으려는 소녀.

126

施無畏印(손을 들어 〈무시무시한〉 의미를 나타낸 인상印相)을, 왼쪽 첫번째 손에는 손바닥을 위로 한 파트라(器)인을 맺고 있다. 좌우 두번째 팔의 지물은 표 2와 같다.

팔모신의 오른쪽 두번째 팔의 지물은 마하락슈미·차문다, 그리고 바라히의 경우는 특징적이지만 나머지 여신의 경우는 공통되어 있으며, 각각의 여신에게 특유한 것은 없다. 한편 왼쪽 두번째 팔의 지물은 여신 각각의 특징을 잘 나타내고 있다. 마하락슈미의 지물은 정해져 있지 않지만 브라흐마니의 경함經函, 루드라니의 삼지창, 카우마리의 짧은 창, 바이슈나비의 원반, 인드라니의 금강金剛, 그리고 바라히의 밧줄은 각각의 모신에게 특유한 것이다. 이와 같이 칼리카스탄 사원의 사비四臂의 팔모신상은 왼쪽의 두번째 팔에 특징적인 지물을 갖는 경우가 많다.

---

126 칼리카스탄 사원의 본존 칼리상의 이마에 빨간 가루를 붙인다.
　　이것이 예배의 한 형식이다. 1984년 8월.

[표 2] 칼리카스탄 사원의 팔모신 좌우 두번째 팔의 지물

그림번호	모신 이름	오른손의 지물	왼손의 지물
117	마하락슈미	칼	방패 또는 연화蓮華(?)
118	바이슈나비	염주	원반
119	카우마리	염주	짧은 창(샥티)
120	차문다	칼	방패
121	루드라니	염주	삼지창
122	브라흐마니	염주	경함經函
123	바라히	갈고리	밧줄
124	인드라니	염주	금강金剛

또한 카트만두 분지에서는 브라흐마니를 〈브라흐마야니〉, 루드라니를 〈루드라야니〉, 인드라니를 〈인드라야니〉로 부르는 경우가 있다. 칼리카스탄의 모신상母神像들의 밑에는 그와 같이 새겨진 문구가 보인다.

팔모신을 향한 숭배

칼리카스탄 사원의 패널뿐만 아니라 다른 사원에 있어서도 팔모신상은 칼리, 또는 두르가 여신상의 옆이나 주위에 놓여져 있다. 이와 같이 놓여져 있는 것은 이미 서술한 바와 같이 팔모신이 힌두교 판테온의 중핵이 아니라 주위에 위치하기 때문이다.

사람들은 꽃·쌀·빨간색과 노란색의 가루를 접시에 담아 아침 일찍 사원을 찾아온다. 꽃을 올리고, 쌀가루를 뿌리고, 빨간 가루(신두라) 또는 노란 가루(쿤쿠마)를 칼리 여신의 이마에 붙이고, 그 다음에는 팔모

127

신들에게 붙인다.(그림 125·126) 칼리 여신은 희생물의 생피를 즐겨 마신다고 하며, 이 여신상 앞에 닭·염소·물소 등이 제물로 올려지기 도 한다.(그림 159~162)

그러나 피를 수반하는 봉헌보다 그림 087·088에서 보이는 바와 같 이 피를 수반하지 않은 〈푸쟈〉(공양제)가 일반적이다. 〈푸쟈〉란 공양 물을 바쳐 숭상하는 것으로 꽃·물·촛불·선향線香 등의 공양물을 필 요로 하는 행위이다. 공양물이 없을 때에는 〈마음으로 공양한다〉라고 도 말한다.

공양물이 고기나 피인 경우의 봉헌은 종종 〈바리〉 혹은 〈바리 푸쟈〉 라고 불리운다. 바리는 죽은 영혼(부타)·흡혈귀(피샤차)·아귀(푸레 타)와 같이 오히려 멀리하고 싶은 무서운 존재에게 공양물을 올리는 것

---

126 인드라니 사원 팔모신의 토라나.[36] 비슈누마티 지구.

인 경우가 많다. 푸쟈의 대상은 일반적으로 비쉬누라든지 시바와 같은
〈은혜를 기대할 수 있는 존재〉이지만, 바리의 대상은 〈멀리 두고 싶은
존재〉또는〈위로해 주어야 할 존재〉인 경우가 많다. 푸쟈가 끝날 때에
는〈후물림〉(푸라사다;은혜)이 나오지만 바리는 그것을 빼는 수가 많
다. 은혜는 주지 않더라도 사람들에게 해로움을 끼치지 않으면 그것으
로 좋기 때문이다.

팔모신은 상냥한〈어머니〉인 동시에 무시무시한 존재이기도 하다.
가끔 칼리와 동일시되는 때도 있는 무시무시한 여신 차문다에 대한 희
생물은 바리라고 불리우는 수도 있다.

카트만두 분지에서는 꽃과 쌀처럼〈피를 수반하지 않는〉봉헌과, 염
소나 물소 등의〈피를 수반하는〉봉헌이 같은 신에게 행해지고 있다.
그렇지만〈피를 수반하는〉봉헌이 행해지지 않는 여신도 있다.

토라나(鳥居)에서 볼 수 있는 팔모신

토라나Torana는 고대 인도 건축의 자취이며, 문의 일종 혹은 뱃집
지붕(〈人〉자 모양으로 된 지붕)과 같은 것으로 생각된다. 일본에서는 조
거鳥居라 하여 전해오고 있지만, 카트만두 분지의 사원에서는 입구 상
부에 반원형의 장식으로 남아 있다. 토라나Torana의 최상부에는, 사자
얼굴의 짐승(키르티무카) 또는 가루다Garuda(비쉬누신이 타고 다니는
성스러운 새—역주)조가 양손과 발로 두 마리의 뱀을 움켜잡고 있다.
이 두 마리의 뱀의 동체胴體는 각각 좌우로 떨어져 있다. 좌우의 최하부
는 바다이며, 그곳에는 바다 짐승 마카라Makara(상어·크로커다일·
돌고래 등의 모습을 하고 있다고 하는 전설상의 바다 동물—역주)가 입을
벌리고 있다. 이 구도는 명확하게 〈원초原初의 뱀〉에게 에워싸인 세계
를 의미하고 있다.

128 인드라니를 중심으로 하는 인드라니 사원의 토라나.
　중앙의 인드라니로부터 마주 보아 오른쪽 주위에 카우마리, 브라흐마니, 루드라니,
　바이슈나비, 차문다, 마하락슈미, 바라히.
129 나라데비 사원37) 입구 위의 토라나. 차문다를 중심으로 한 팔모신이 묘사되어 있다.

128

129

130

토라나에는 신들이 배치되는데, 대부분의 경우 토라나의 중앙에 위치하는 신이 신들의 중심이 된다. 그림 128은 그림 127의 인드라니 사원의 토라나 중심 부분인데, 중앙에는 코끼리를 탄 인드라니가 보인다. 그녀는 이곳에서는 예전의 영웅 인드라를 연상하게 하는 듯한 강인한 모습으로 묘사되어 있다. 그녀의 맞은편 왼쪽에는 카우마리가 있다. 공작을 타고 있는 모습으로 표현되는 경우가 많은 카우마리가 이곳에서는 아귀餓鬼를 타고 있다. 그림 129에서는 중앙에 차문다가 있고, 그 옆으로부터 마주 보는 오른쪽에 카우마리, 그 오른쪽에 바라히가 있다.[38]

바드라칼리Bhadrakālī 사원의 팔모신

---

130 바드라칼리 사원의 제단(그림 155) 위에 있는 천개에서 볼 수 있는 패널.
（그림 158 참조）

131

카트만두 시대의 무시무시한 여신女神을 대표하는 것은, 바드라칼리 Bhadrakālī 사원(그림 154)의 여신일 것이다. 이 사원은 예전의 카트만두 시 남쪽 입구에 해당한다.[39] 바드라칼리 여신과 이 사원에 관해서는 제3장에서 다시 다루기로 하고, 이곳에서는 바드라칼리 여신 본당本堂의 상부에 있는 구리 제품의 천개天蓋에 조각되어 있는 팔모신상을 보도록 하자.

이 천개의 구도를 중심으로 한 그림은 이 책의 첫머리(그림 001)에 실어두었다. 그림 130은 그 천개의 거의 전체적인 모습을 전해 주고 있다. 중앙에는 예의 두 가지 삼각형의 조합이 보인다. 이 중심에 위치하는 8개의 팔을 가진 차문다(그림 158)가 바드라칼리로 불리우고 있다.[40] 요컨대 이 사원의 칼리는 차문다인 셈이다.

---

131 바드라칼리 사원의 천개 패널 도해. 바드라칼리(그림 158)를 중심으로 팔모신(132 브라흐마니. 133 루드라니. 134 카우마리. 135 바이슈나비. 136 바라히. 137 인드라니. 138 차문다. 139 마하락슈미)·팔길상八吉祥(a 매듭. b 연화蓮華. c 깃발. d 보석 물병. e 불자拂子. f 물고기. g 보석 우산. h 법라패). 팔길상八吉祥은 힌두교와 불교에서 사용한다. 불교의 경우는 불자拂子 대신 법륜法輪이 보이는 예가 많다.[41]

132

132 브라흐마니. 염주와 경함經函을 지녔고, 한사조를 타고 있다.
머리 뒷부분의 두 개의 깃발은 네팔 신들의 특징이다.

133

133 루드라니. 다말북과 삼지창을 지녔고, 소를 타고 있다.
다말북도 시바의 지물 가운데 하나이다.

134

134 카우마리. 염주와 라트나카쟈(보석나무)를 지녔고, 공작을 타고 있다.

135

135 바이슈나비. 곤봉과 원반을 지녔고, 가루다조를 타고 있다.
곤봉은 비쉬누의 무기이다.

136

136 바라히. 해모亥母라 일컫고 있는 것처럼 산돼지 얼굴을 하고, 물소를 타고 있다.

137

137 인드라니. 금강(바쥬라)과 우산을 지녔고, 코끼리를 타고 있다.

138

138 차문다. 칼과 방패를 지녔고, 사체死體(?)를 타고 있다.

139

139 마하락슈미. 칼과 방패를 들고, 사자를 타고 있다.

140

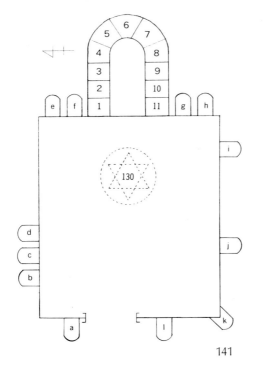

1 싱히니
2 가네샤
3 인드라니
4 브라흐마니
5 시바
6 바드라칼리
7 쿠마라
8 바이라바
9 바이슈나비
10 바라히
11 마하칼리
a 마하락슈미
b 싱히니
c 쿠마라
d 가네샤
e 비쉬누
f 아지마
g 하리바 하나비쉬누
h 카우마리
i 바이라바
j 바이슈나비
k 바라히
l 토지신(쿠세트라파라)

141

팔모신상은 여덟 가지 길상吉祥의 상징(八吉祥)과 함께 바드라칼리의 주위에 조각되어 있다. 그 순서는 그림 131에서 보는 바와 같이 고대 인도의 전통을 따르고 있다. 모신들의 승물乘物도 전통적이다. 단지 차문다의 승물은 인도에서도 사체死體 또는 올빼미 등으로 일정하지 않은데, 이곳에서는 사체死體를 타고 있다.(그림 138)

그림 137의 모신은 인드라니이다. 그녀의 오른쪽 두번째 팔의 금강金剛은 이 여신의 특징적인 지물持物이지만, 왼쪽 두번째 팔의 우산도 이 모신의 지물로 자주 볼 수 있다.(예를 들어 그림 246) 이 천개는 바드라칼리를 중존中尊으로 한 일종의 만다라로 간주할 수 있다. 불교의 만다라는 금강金剛의 테두리에 둘러싸여 있지만,[42] 이곳에서는 두개골의 테두리로 둘러싸여 있다. 원래는 베다 신화의 영웅 인드라의 무기였던 바쥬라(번개)는 불교에서 받아들여서 금강金剛이 되었고, 불교도가 가장 좋아하는 상징이 되었다. 이 힌두교의 〈만다라〉에서는 그와 같은 의미에서의 금강 테두리는 사용되고 있지 않을 것이다.

이곳에서는 두개골 잔을 든 바드라칼리를 둘러싸고 있는 팔모신 전원이 다같이 오른쪽 첫번째 팔에 두개골 잔을 들고 있는 것에 주의하지 않으면 안 된다. 이곳에서도 우리들은 타라니 여신 사원의 경우와 마찬가지로(그림 099~108) 팔모신이 피의 의례에 관계되어 있는 것을 볼 수 있다. 바드라칼리 사원에서는 매일같이 동물을 산제물로 신에게 바치는 일이 행해지고 있다.(그림 159~162) 그렇다 하지만 그러한 동물은 식용食用으로 하기 전, 〈정화시키기 위해〉 데리고 오는 것이 대부분이다. 예전에는 팔모신 각각에 대한 푸쟈가 행해졌다고 생각되며, 카트만두의 고문서관古文書館에는 팔모신에 대한 푸쟈의 의식 규범이 많이 남아 있다. 그러나 오늘날에는 팔모신 각각에 대한 푸쟈를 동일 사원에서 보기란 어려워졌다.

---

140 바드라칼리 사원의 중심부. 다른 대부분의 사원의 경우와 마찬가지로 이 부분은 한 층 낮게 되어 있다. 이것은 〈물〉의 존재를 의미하는 것으로 생각된다. 사람들은 〈물〉 속에 들어가 정화되는 것이다. 사진 맞은편 오른쪽 끝이 본존本尊의 위치.
141 바드라칼리 사원의 배치도.
또한 중앙 점선의 원은 제단머리 위의 천개 패널(그림 130)이다.

제3장

피를 마시는 여신
Goddesses and Blood Cult

142 바이슈나비

143

〈부정한 것〉과 피

　종교란 〈성스러운 것〉과 〈속된 것〉의 차이를 의식한 합목적적인 행
위이다. 〈성스러운 것〉과 〈속된 것〉이라고 하는 〈종교에 있어서 두 가
지의 극極〉을 이루는 축軸에 덧붙여서, 〈깨끗한 것〉과 〈부정한 것〉이라
는 두 가지 위상의 축軸도 생각하게 된다. 그 경우 〈성스러운 것〉에 속
하는 위상으로서 〈깨끗한 것〉과 〈부정한 것〉이 나타나는 경우와, 〈깨끗
한 것〉은 〈성스러운 것〉으로서의 가치를 지니고 〈부정한 것〉은 〈속된
것〉으로서의 가치를 지니는 경우가 있다. 후자는 요가나 염불과 같이
개인의 정신적 구제가 목적으로 되는 종교 형태의 경우이며, 전자는 동

---

143 마신과 싸움하기 직전의 칠모신.(마주 보아 왼쪽의 7명) 중앙은 삼지창을 지닌 시바.
　그 오른쪽이 사자를 탄 두르가 여신. 그림 143·144는《여신의 위대함》의 그림(카
　트만두 고문서관 소장)으로 제작한 선화.[43]

144

물 희생이라든지 사자死者 의례 등의 집단적 종교 행위의 경우이다.

그렇다 하더라도, 뒤에서 고찰하게 되듯이 집단적 종교 행위에 이용되는 〈부정한 것〉의 전형으로서 피가 보편화되고 승화되어, 개인 구제를 원하는 종교 형태에서도 〈부정한 것〉이 아니라 〈깨끗한 것〉으로서의 가치를 지니는 수가 있다. 밀교密敎(탄트리즘)에서는 이 두 가지의 종교 행위는 통일되어 있지만, 이곳에서도 〈피〉에 대하여 보편화·승화된 의미가 부여되어 있는 것이다.

피와 모성母性

---

144 마신과 싸우는 칠모신. 마주 보아 왼쪽 끝에 칼리의 모습이 보인다.
　　해골이 무기인 것처럼 던지고 있다. 모신들은 병사이다.

146

147

148

피에 특정特定의 상징 의미를 부여하고, 그 의미를 행위 속에서 분명히 하는 것이 〈피의 의례〉이다. 종교 행위 가운데서, 피에는 여러 가지 상징 의미가 부여되어 있다. 〈피의 의례〉는 인도에만 한하는 것이 아니라, 고대 이스라엘에서도 오늘날의 동남아시아를 비롯하여 거의 전세계에서 행해지고 있다. 다만 일본의 종교에서는 극히 얼마되지 않는 예를 제외하고는 행해지고 있지 않기 때문에, 일본인에게 있어서는 〈피의 의례〉가 종교에서 갖는 의미의 중대성을 이해하기 어려울 것이다. 그렇지만 첫월경 · 생리 · 출산의 경우 등 인체의 자연스러운 생리활동 속에서 피가 〈인체 밖으로 나올〉 때에는, 종교 의례를 행하는 경우가 있다. 그러나 제물이 된 짐승의 피를 〈성스러운 것〉으로 받든다든가, 또는 의례의 참가자들이 그것을 마시는 것과 같이 〈생피를 이용하는〉 의례는

---

145 두르가 여신. 이 여신의 승물은 사자이다. 여기서는 물소의 마신은 나타나지 않는다. 카트만두 국립박물관.[44]

146 두르가 여신. 물소 마신을 살해한 여신(마히샤스라마르티니)의 전형적인 모습을 나타내고 있다. 《힌두제신도상집》No. 31을 가우탐 라트나 바즈라차르야 씨가 다시 그린 것.[45]

147 두르가 여신. 《힌두제신도상집》No. 34를 가우탐 라트나 바즈라차르야 씨가 다시 그

149

는 일반적인 것이 아니다.

동물과 식물의 차이, 그것은 피가 있는가 없는가이다. 동물의 신체 속을 피는 그 구석구석까지 돌고 있으며, 신체가 열상裂傷을 입거나 또는 절단될 경우 그 피는 〈신체 밖으로〉 나온다. 피의 유출은, 그 동물체의 생명에 격렬한 변화가 일어난 것을 의미한다. 그 유출이 일정량을 넘으면 그 동물은 벌써 생명을 유지할 수가 없게 된다. 이 급격한 변화 혹은 소실은, 동물 희생이 행해지는 장소에서 〈성스러운〉 분위기를 자아낸다. 정확하게 말하면, 그 변화 혹은 소실은 〈성스러운〉 분위기를 자아내기 위해서 이용되는 것이다.

〈피가 용솟음치고, 육신이 춤춘다〉라고 자주 말해진다. 그런데 이 경우의 〈피〉가 의미하는 것은 소실이라든가 죽음이 아니라, 약동이며 삶

___

린 것.

148 바가바티 만디르 사원의 물소의 마신을 살해한 여신상. 이 사원에는 토라나가 붙은 작은 문이 있지만, 내부는 이 신상뿐이며, 주위는 민가로 에워싸여 있다.[46]

149 물소의 마신을 살해한 여신. 바가바티 만디르Bhagavatī Mandir. 그림 148 참조. 그림 147에서〈물소의 마신을 살해한 여신〉상과 같은 형태의 구도이며, 카트만두 분지에서는 이 여신의 이미지가 전형이다. 이 석상의 존재는 분지내에 잘 알려져 있다.

이다. 말하자면 체내에 고여 있는 피는 삶의 상징이며, 체외로 나온 피는 죽음의 상징이다. 〈첫월경 또는 출산 때에 보이는 피는 죽음의 상징이 아니다〉라고 반론하는 사람이 있을 것이다. 그 말 그대로이며, 그때의 피는 죽음의 상징으로 사용되고 있지 않다. 첫월경 때에 축하하는 일이 있는 경우일지라도 그 딸의 신체가 문제시되는 것이지, 그 피가 〈성스러운 것〉으로 받들어지지는 않는다. 출산에 따르는 피도 마찬가지여서 출산 때에 일련의 종교 의례가 행해질 경우에는, 그 자체가 의례의 중요한 상징으로 이용되는 것이 아니라 문제가 되는 것은 임산부의 신체인 것이다. 만약 여성의 생리에 따르는 의례 속에서 중요한 상징으로서 특별한 잔 속에 담는다거나 〈성스러운 것〉의 像像 위에 뿌린다거나 하는 등의 일이 있다면, 그 의례는 소위 흑마술黑魔術에 가까운 것이 되고 그 피는 〈죽음의 상징〉으로 작용하게 될 것이다.

소녀가 아가씨가 되고 어머니로 되어 가는 과정에는, 이미 살펴본 바와 같이 항상 피가 잠재해 있다. 어머니가 될 가능성, 결국 다른 개체를 낳을 수 있는 가능성을 증명해 주는 것이 피이며, 분만도 역시 다량의 출혈을 수반한다. 이와 같은 일련의 〈출혈〉의 역사는 남자에게는 없다.

고대 인도의 산부인과적 지식은 놀랄 정도로 발전해 있었고, 태아의 발육 상태도 상세하게 알고 있었다. 피를 의미하는 산스크리트는 〈락타〉인데 이것은 적색, 빨간 것도 의미한다. 또한 이 말은 혈관을 흐르는 피 이외에 월경, 더 나아가서는 난자卵子도 가리킨다. 이와 관련하여 인도에서는 정자는 〈슈크라〉(하얀 것)라 부르며, 빨간 것과 하얀 것의 결합이 태아가 된다고 생각하고 있었다.

이처럼 특히 인도에서는 여성과 피는 깊은 연관 속에서 생각되어 왔다. 인도가 피를 〈아니마〉 형성의 중요한 핵심으로 여겼던 것은 분명하다. 그것은 여성과 피가 깊은 관계에 있다고 하는 생리학적 사실로서만 설명될 수 있는 것이 아니다. 인도가, 정확하게 말하면 여신·모신 숭배를 중시한 인도의 사상적 측면이 피에 대해서 단순한 생리학상의 결합,

150 생고기를 먹는 칼리 여신. 바드가온 시의 다르바르 스퀘어.

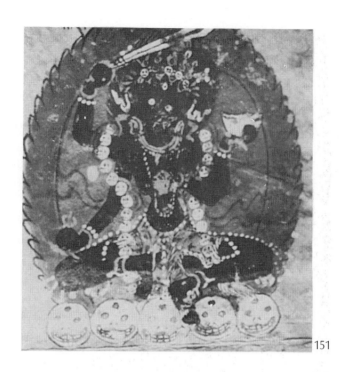

151

그 이상의 의미를 부여하고 있는 결과라고 생각하는 것이 마땅할 것이다.

인도의 여신·모신의 이미지는 이제까지 보아온 것처럼, 또한 이제부터 확인해 나가게 될 것처럼 피의 상징성(심벌리즘)으로 가득차 있다. 여신 숭배는 피의 의례에서 〈어머니〉라고 하는 에너지 모태의 존재를 확인하는 것이다.[47]

피를 싫어하는 베다의 전통

이미 서술한 바와 같이, 베다의 의례에서는 신들의 도상圖像이나 조상彫像은 사용되지 않는다. 〈신들은 천상天上에 사는〉까닭에, 신의 거

---

151 칼리 여신. 머리에는 해골을 박아넣은 관을 썼고, 목에는 해골 목걸이를 두르고 있다. 자리(座)도 역시 해골을 연이어 놓은 것이다. 육체에서 떨어져 나온 뼈는 죽음의 상징이며, 파괴와 죽음의 여신 칼리는 그 죽음의 상징으로 에워싸여 있다. 이 그림은 그림 002~009와 동일한 사본(파탄 시 개인 소장) 속에 묘사되어 있다.

152

주지로서의 사원은 필요 없고, 신에게 공양물을 바칠 때에는 사람들은 천상으로부터 그들을 위해서 만든 제단으로 신을 초대하고 있다.

그런데 베다의 신들은 〈피〉를 싫어한다. 제단에 신에게 바치는 산제물을 올릴 때도 질식사를 시켰다고 전해지고 있다. 피를 싫어하는 전통은 그후 바라문들도 받아들였다. 서사시 《라마야나》(기원전 5~3세기 편찬)에는, 바라문 승려 비슈바미트라가 라마 왕자에게 와서, 자신의 제단에 피를 뿌려서 제식祭式을 방해하는 무서운 것을 퇴치해 줄 것을 부탁하는 장면이 있다. 이처럼 바라문의 제사 의식에서 피는 무시무시한 비일상적인 힘을 지닌다고 하는 의미에서는 〈성스러운 것〉이지만, 기피해야 할 더러움을 지닌다고 하는 의미에서는 〈부정한 것〉이다. 그렇지만 시대가 경과함에 따라서 피는 〈부정하면서 성스러운 것〉이 아

---

152 칼리 여신. 자야바게스바리Jayabageshwari 사원의 벽화.[48] (그림 011 벽화의 일부. 그림 011에서는 소녀들의 신체에 가려 있다.) 이곳에서의 칼리 여신은 뼈뿐인 신체와 쭈글쭈글한 유방이 차문다 여신처럼 묘사되어 있다. 칼리 여신과 차문다 여신은 카트만두에서는 특히 동일시된다. 바드라칼리(그림 158)는 차문다의 한 모습이다.

니라, 〈깨끗하고 성스러운 것〉으로 생각하게 되었다. 결국 피는 비일상적인 〈분위기〉를 낳는 것이라는 의미에서 〈성스러운 것〉이라는 측면을 계승하면서, 그것은 어느새 기피해야만 할 것이 아니라 인간에게 바람직한 힘을 준다는 의미에서 〈깨끗한〉 것으로 되었다.

특히 6,7세기 이후 인도 대륙이 탄트리즘(밀교)의 영향을 받게 되자, 〈피의 의례〉는 힌두이즘뿐만 아니라 불교에서도 중요한 것이 되었다. 〈피〉뿐 아니라 〈뼈〉라든가 〈가죽〉이라든가 하는 〈섬뜩한 느낌을 주는 것〉도 중요한 역할을 수행하게 되었다. 이러한 요소는 이전의 바라문 중심주의에서는 〈부정한 것〉으로 기피하였던 것이지만, 힌두이즘 시대에 들어와 토착적 요소가 〈중앙의 문화〉로 흡수됨에 따라서 〈문화의 표면〉으로 나타나게 된 것이다.

무서운 여신의 이미지

〈피〉의 상징 의미가 변화함에 따라 무서운 여신의 이미지가 성행하게 되었고, 그것이 조상彫像 또는 부조浮彫로 표현되게 되었다. 베다의 제사 의식에서는 신들의 조상彫像이 사용되지 않았지만, 힌두 시대로 들어와 〈신들〉의 모습이 표현되게 되었다.

〈신들〉을 조상彫像에 조각하는 것은 인도에서는 당초 불교도 쪽이 열심이었다. 기원 전후로 간다라 지방에서 불타의 조상彫像이 만들어지게 되면서부터는 급속하게 다른 여러 존상尊像도 만들어졌다. 힌두교도도 기원 2세기경에는 여신상 등을 만들기 시작 2,3백 년 후에는 굴원窟院 등에 훌륭한 작품을 많이 만들어 놓았다. 신들은 지상으로 내려와서 산스크리트어로 〈데바 아야타나〉, 즉 〈신神의 장소〉로 불리는 사원 또는 신들의 〈자리〉(피타)인 영장靈場에서 주거를 구하게 되었다. 이렇게 해서 신들은 마을이나 거리의 〈주인〉이 된 것이다.

---

153 다킨 칼리 사원 본당(奥院)의 칼리. 바위 위로 돌출해 있는 얼굴에 관冠을 씌웠으며, 화환이 얼굴의 윤곽을 만들고 있다.

여신들의 묘사가 처음으로 상세하게 이루어진 것은,《여신의 위대함》에서이다. 이 중에서 여신 두르가는, 적 악마의 신이 한 번 보고 매혹되어 버릴 정도로 아름다운 용모를 하고 있으면서, 남신男神들도 일찍이 행한 적이 없었던 처참한 살육을 행하는 것이다. 신 또는 영웅이 악마의 신을 억누르고 사람들을 수호하며, 또는 그 악마의 신이 지니고 있던 보물을 약탈하여 가지고 돌아온다는 모티프는 세계 영웅 전설의 공통이다.《리그 베다》의 영웅신 인드라는 적 부르트라Vrtra를 죽이고 〈물〉을 해방하였다. 바야흐로 여신은 예전의 베다 영웅을 대신하여 〈물소의 모습을 한 악마의 신〉을 죽이는 것이다.

물소를 죽인 여신 두르가의 모습은 후세 힌두의 조각가와 화가 들이 가장 즐긴 모티프의 하나이다. 사자를 타고 있는 여신이 한쪽 발은 〈물소〉의 등을 밟아 누르고, 여러 개의 왼손 중의 하나도 이 짐승을 억누르고 있다. 악마의 신은 잘려진 〈물소〉의 목으로부터 마침내 정체를 드러내고, 그 악마 신의 가슴을 여신의 오른손에 쥐어 있던 삼지창이 관통하고 있다. 이 삼치창은 원래 시바신의 무기였다. 여신의 모습은 몹시 아름답고, 유방도 둥글고 풍만함이 강조되어 있다. 네팔에서도 두르가 여신의 이 〈물소 악마의 신을 죽이는〉 모습은 여신 모습의 전형이 되었다. 다른 여신까지도 이 모습으로 표현되고 있을 정도이다. 그와 같은 경우에는 승물이 사자가 아니라, 예를 들어 가루다Garuda조로 나타내므로써 도상학적으로는 혼동을 피하고 있다.(그림 039)

그렇지만 인도 여신들의 도상圖像의 경우는 그 대부분이 부드러움과 아름다움을 강조하고 있으며, 두개골 등 〈죽음을 사랑하는〉 경향을 띠고 있는 것은 적다. 〈여신〉은 〈인간〉을 초월해 있는 존재이고, 사람으로 하여금 매우 두려움을 느끼게 하는 〈성스러운〉 힘을 지닌다. 그 〈성스러운〉 힘이 인도에서 표현될 경우 사라스바티(弁才天)나 락슈미(吉祥天) 등과 같이, 우미優美함 유화柔和함이 강조되는 〈깨끗한〉 형상으로 표현되는 경우와, 차문다와 칼리 드물게는 락슈미 등의 형상처럼 기

❖ 크리슈나Krsna : 힌두교의 주신主神 비쉬누의 여덟번째 화신. 〈검은 신〉의 뜻으로, 비쉬누의 화신 중에서 가장 중요함과 동시에 힌두교의 신화 속에서 민중과 가장 친숙한 신격. 크리슈나와 비쉬누가 일체시되어, 여기에 갖가지 민간의 요소가 흡수되어 크리슈나 전설이 형성되었다. 비쉬누 신앙이 전인도로 확산된 것은, 크리슈나 전설을 매개로 하고 있다. 크리슈나 전설이 현재 인도의 일반 민중에게 친숙한 형태로 정리되어 있는 것은《마하바라타》의 부록인《하리반샤》와《푸라나》문헌 속에서이며, 그 중에서도《바

괴한 어쩐지 무시무시한 느낌을 강조한 〈부정한〉 형상으로 표현되는 경우가 있다. 이것 모두가 똑같이 숭배를 받고 있으며, 때로는 언뜻 보기에는 완전히 달라 보이는 신의 모습이 실은 같은 신을 나타낸 것이라고 믿고 있는 곳도 있다.

〈정淨·부정不淨〉이라는 두 가지 형상으로 표현되는 것은, 인도의 경우 여신에게 한한 것은 아니다. 남신男神도 똑같이 두 가지 형상을 지니고 있다. 예를 들면, 우리들이 앞서 본 바와 같이 시바신의 〈부정한 모습〉은 〈바이라바〉(두렵게 만드는 것)신으로 불린다.

힌두교의 신들 가운데에는, 이와 같이 무시무시한 형상의 〈부정한〉 신들이 많다. 카트만두의 네와르족에게 남아 있는 대승 불교라든지 같은 카트만두에서도 볼 수 있는 티베트 불교에 있어서도 〈부정한〉 신들은 매우 많다. 특히 티베트 불교에서는, 머리를 흐트러뜨린 채 나체가 되어 두개골 잔을 들고 있는 다키니라고 불리우는 여신이 활약한다. 여러 불타들도 역시 시바신의 외포상畏怖相과 같은 모습을 하고 妃에게 싸여 있는 것이다. 카트만두와 파탄에서 거주하는 신들의 대부분은 이와 같이 〈부정한〉 신들이다.

부드럽고 온화한 유럽의 성녀상聖女像

인도나 네팔의 거리에는 실제로 갖가지 여신상이 세워져 있지만, 프라이부르크Freiburg나 뉘른베르크Nürnberg 등의 남독일의 마을은 마리아상으로 가득차 있다. 그것도 성모 마리아와 그와 닮아 있는 성녀들뿐이다. 그렇지만 성모상聖母像도 시대와 함께 변화해왔다. 11,2세기에는 마리아는 신의 아들인 예수를 무릎에 얹고 왕좌에 앉아서 가슴을 벌리고, 지구를 상징하는 작은 공을 손에 들었다.[49] 이것이 바로 〈대지모신〉의 모습인 것이다.

가바티 푸라나》 제10권에서는 크리슈나의 생애가 좀더 흥미있게 묘사되어 있다.

154

    그런데 14,5세기가 되면 십자가 위의 예수를 보고 슬퍼하는 모습이라 든가 십자가로부터 내려진 예수를 무릎 위에 안고 슬퍼하는 어머니의 모습으로 표현된다.[50] 아래로 약간 얼굴을 숙이고, 자애로움으로 가득 찬 눈길로 아들을 안고, 소매가 긴 가운을 입고 서 있는 〈성모〉의 모습 은 가장 일반적인 것이다. 어찌되었거나 성모 마리아는 〈부드럽고 온화 한 자애로움으로 가득찬 모습〉으로 표현되어 있는 것이다. 뱀 또는 용 으로 생각되는 것과 함께, 그리스의 처녀신 아르테미스를 상기시키는 초승달을 타고, 칼을 휘두르는 마리아상도 볼 수 있다. 그러나 그 경우 에도 마리아는 아름다운 처녀이다.

    피가 뚝뚝 떨어지는 머리를 들고, 생피를 마시며 혀로 입술을 핥고 있 는 〈성모〉 마리아는 생각할 수가 없다. 루마니아에는 후세 드라큘라 전

154 바드라칼리 사원.(카트만두)
155 바드라칼리 여신의 제단. 상단에 천개(그림 130)가 보인다.
156 바드라칼리 여신의 상징은 〈구멍〉이다.

155

156

157

설로서 알려지게 된 흡혈귀의 전승은 있지만, 흡혈귀가 〈성모〉의 위치
를 차지하는 일은 없다. 그렇지만 유럽에서 칼리나 차문다와 같은 무시
무시한 모습을 한 여신상이 만들어지지 않았기 때문이 아니다. 오늘날
에도 스위스 산간 지방에서는 일본의 나마하게 귀신과 같은 〈여신〉의
가면이 의례에 이용되고 있다. 그러나 문제는 부정한 모습의 여신이 이
른바 판테온 속에서 어디까지의 위치를 차지할 수 있는가 하는 점이다.
그리스도교 세계에서는 〈부정한 신〉은 주요한 위치를 쟁취할 수 없었
다. 〈부정不淨한 여신〉은 부정否定되어야만 하는 것, 나타나서는 안 되
는 마녀로서 억압받는 것이다.

생피가 넘쳐 흐르는 두개골 잔을 들고, 해골 목걸이를 목에 걸고 있는
것과 같은 신들의 이미지가 길 모퉁이에 늘어서 있다고 하는 현상에 관

157 바드라칼리 여신.
　　바드라칼리 여신의 제단(그림 155) 뒷면에 불단이 있고, 이 석상이 끼워져 있다.
　　극단적으로 움푹 패인 배(腹)는 이 여신이 차문다의 한 형태라는 것을 나타내고 있다.
158 바드라칼리 여신. 바드라칼리 사원 천개(그림 130)의 중심부.

159

160

161

162

163

하여 중세적인 상황이 꽤 남아 있는 것에 지나지 않는 것이며, 유럽은 그 〈중세적인 상황〉을 극복한 것이라고 말하는 것은 옳지 않다. 카트만두는 분명히 〈중세적인 분위기〉뿐만 아니라, 부분적으로는 고대적인 분위기를 남기고 있다. 그러나 유럽에 있어서도, 카트만두와 비슷한 정도의 옛날 도시가 당시의 모습을 남기고 있다. 그와 같은 도시에서도 카트만두에서 볼 수 있는 것과 같은 이상한 신들의 이미지는 보이지 않는다.

생활 속의 피의 이미지

네팔에는 오늘날에도 〈피의 의례〉가 살아 있다. 정해진 요일에 힌두

159 사람들이 지참해온 닭을 당지기가 뒷손으로 들고 있다. 닭을 들고 온 사람들의 예배가 끝날 때, 이 닭의 피를 여신 바드라칼리에게 바치는 것이다. 동물을 바칠 때는, 여신의 날인 화요일이나 토요일 아침이 많다.
[바드라칼리 사원에서의 닭 공양]
사람들은 닭 또는 염소를 자신들이 먹기 전에 신에게 올린다.

164

교 사원, 특히 칼리 등의 여신을 제사지내는 사원에서는 닭·염소 또는 물소 등이 신에게 바칠 제물로 살해된다. 제물이 된 짐승의 피는 신상神像과 제단에 뿌려지고, 피로 붉게 물든 고기를 잘게 잘라 실로 꿰어서 만든 목걸이가 꽃목걸이 대신에 신상神像에 걸려진다. 매년 가을에 행하는 다사인Dasain 축제에서는 엄청난 수의 물소·염소 등이 여신 두르가와 동일시되는 여신 탈레쥬에게 올려진다.

생활 속에서 생피를 그대로, 또는 다른 것과 섞어서 사용하는 습관은 오늘날에도 그다지 희귀한 일은 아니다. 티베트인은 몸의 상태가 나쁘면 야크Yak의 목을 따서 피를 마시고, 아프리카에서도 소의 피에 우유를 섞어서 마시는 사람들이 있다. 이와 같은 행위의 근저에는 〈동물의 피에는 사람에게 자양분이 되는 것이 있다〉고 하는 확신이 있다. 사실,

160 당지기는 거꾸로 휜 칼로 닭의 목을 자르고, 흐르는 피를 여신 바드라칼리에게 바친다. 두 사람을 데리고 온 〈닭 지참자〉가 그것을 지켜보고 있다. 동물을 지참하는 사람은 대개 남성이다.
161 당지기는 피를 바치므로써 〈정화〉된 닭을 지참자가 준비해온 비닐 봉지에 담는다. 이 의례에 의해 닭을 먹을 수 있다.
162 닭의 〈정화〉에 대해 닭 지참자는 〈사례금〉을 지불한다.

165

가벼운 정도의 병은 이것으로 치유할 수도 있을 것이다. 그러나 이와 같은 피의 생리학적 효과에 의해, 피가 의례 속에서 이용되는 이유로 설명될 수는 없을 것이다.

피의 주변에는, 고대로부터 특이한 이미지가 보인다. 시대에 따라 또는 지역에 따라서, 그것은 다를 수도 있지만, 생명 유지를 위해 결정적인 역할을 수행하고 있는 피는 무릇 시대와 지역의 이미지 차이를 초월하고, 또는 그 배후에 〈원이미지〉라고도 불리울 만한 것을 생겨나게 했다. 이 〈원이미지〉는 대부분의 경우 원초적인 상징 의미를 수반하고 있다. 〈원이미지〉와 〈원초적인 상징 의미〉는 우리들의 의식 속에서 집단적으로 형성되어 온 것이며, 사회적 지리적 등의 요인에 의하여 문화의 표면에 나타나기도 하고 보관되어 문화의 저류底流에 잠재되어 있기도

163 바차레슈바리Bachhareshwari 여신 사원. 파슈파티나트 사원 경내.51)
164 바차레슈바리 여신 사원 본당의 내부에서 공양하는 늙은 여인. 이곳에는 신상이 없고, 중앙에 링가가 있을 뿐이다. 예전에는 이곳에서 사람 공양(人身御供)이 행해졌다고 일컬어진다.
165 여신 바차레슈바리. 층탑(그림 163) 곁에 있다.
166 여신(아지마)상에 뿌려진 생피. 자야바게스바리 사원.

166

167

한다. 이것은 〈피〉의 경우에 한정된 것이 아니다. 거의 대부분의 자연
물 혹은 살아 있는 것에 대해서 고대인은, 따라서 현대인에 이르기까지
각각의 전통의 테두리 안에서 통일을 흐트러뜨리지 않도록 주의하면서
상징 의미를 부여해왔다. 이 상징 의미의 체계야말로 〈피의 의례〉뿐만
아니라 전반적인 종교 의례의 구조를 설명하는 것이다.

그런데 〈원초적인 상징 의미〉는 인간의 생리적인 반응과 밀접히 연
결되어 있으며, 각각의 문화적 전통이 지닌 의미 체계 전체와의 관련에
서 주어지는 것이지만, 일반적으로는 그다지 복잡한 것은 아니다. 그러
나 한편으로, 우리들은 〈원이미지〉에서 유추가 완전히 불가능하면서도
정밀한 체계조차 지닌 상징 의미와 만나는 수가 있다.

예를 들면 티베트의 밀교에서는, 두개골 잔에 넘쳐 흐르는 피는 깨달
음의 지혜(반야)를 의미한다. 이와 같은 상징 의미는 불교의 교의 체계
및 그 속에서 두개골 잔이라는 물체가 나타내는 역할에 관한 지식 없이
는 이해한다는 것이 불가능하다. 물론 이와 같은 상징 의미와 특정 물체
와의 대응관계는 특정 종교 집단에서의 비밀 의례이며, 외부에는 알려
지지 않는 것도 많다.

티베트 불교의 경우도, 피가 깨달음의 지혜를 의미한다고 하는 것은
밀교 수업승修業僧에게 있어서 중요한 일이며, 일반 대중에게는 별로
관계 없는 일로 생각된다. 분노의 모습을 한 존상尊像을 예배하러 온 사
람들은 그 무시무시한 형상에서 〈성스러운 힘〉을 느끼고 돌아가며, 자
신들의 생활 감정 속에 그 존상尊像의 이미지로부터 받은 〈느낌〉을 자
리잡게 하는 것이다.

이와 같이 원초적인 상징 의미와는 별도로 교의 체계에 기초를 두고
있는 의미, 즉 〈교의적 의미〉 혹은 〈표층 의미〉가 있고, 동일 이미지 혹
은 도상학적 특징에 대해서도 두 가지의 상징 의미가 작용하는 것을 종
종 관찰할 수 있다.[52] 그렇지만 이와 같은 수준의 차이는 개개의 종교
형태에 따라서 다르다. 불교의 밀교密敎에 있어서는 양자의 차이가 힌

이 책 서장에 실린 〈여신과의 만남〉 참조.
167 여신 찬디스바리. 파탄시.[53] 탄트리즘의 방법에 따라서 본체는 구멍으로 표시되었다.

두교의 경우보다도 크다. 요컨대 힌두교의 경우에는 심층 의미와 표층 의미와는 그다지 명확하게 구별되지 않는다. 그러나 힌두교의 경우에 있어서도, 그 교의敎義가 체계화됨에 따라서 피와 뼈 등에 대한 갖가지 교의적 의미가 부여되어 왔다. 다양한 의미가 피에 부여됨에 따라서 고대 브라흐마니즘에서는 〈성스럽고 부정한 것〉이었던 피가 〈성스럽고 깨끗한 것〉으로 변화한 것이다. 이 변화가 있었기 때문에, 힌두교와 불교에서 〈피의 의례〉가 성행하게 된 것이다.

토착적인 숭배 형태에서는 본래부터 피를 이용하는 의례가 행해지고 있었지만, 그 토착적 요소가 힌두교 속으로 편입되기 위해서는 그 장치 속으로 수용되지 않으면 안 되었고, 그 〈수용 장치〉 속에서 피의 의미가 변화하지 않으면 토착적인 것과 결합할 수 없었던 것이다.

피가 지닌 표층 의미의 격렬한 변화는 인도에서는 밀교 세력의 증대와 거의 동시에 이루어졌다. 종래에는 마땅히 기피해야 할 〈부정한〉 것이었던 피가, 위험한 것이긴 하지만 기피해야 할 것이 아닌 것으로 되었다. 즉 두개골 잔에 넘쳐 흐르는 피는 어느새 제단을 더럽히는 것이 아니라, 두르가와 칼리 등의 여신 숭배에 있어서 없어서는 안 될 〈성스러운 것〉이 되었던 것이다. 여기에서 피는 변함없이 기분 나쁜 것, 무시무시한 것, 접근하기 어려운 것이라는 의미에서는 〈부정한 것〉이지만, 인간에게 있어서 유용한 것, 해를 입히지 않는 것이라는 의미에서는 〈깨끗한 것〉이다.

요컨대 밀교에 있어서 피는 그 심층 의미의 수준에서 인간에게 어쩐지 기분 나쁜 생리적 반응을 일으키는 한편, 표층 의미의 수준에 있어서 심층 의미란 오히려 대조를 이루는 내용을 가리키는 것이 되었다. 이것은 피가 갖는 상징 의미의 재현再現 혹은 개변改變에 기인한다. 그 결과 두개골 잔에 넘쳐 흐르는 피는 피라고 하는 말하자면 가장 더러운 것, 〈부정한 것〉이 실제로는 더럽지 않은 것, 〈깨끗한 것〉 이외의 것이 아니라고 하는 〈반대물의 일치〉라는 심벌리즘을 갖게 된 것이다. 이렇게

168

해서 칼리나 차문다 여신이나 불교의 다키니 여신이 지닌 어쩐지 기분
나쁜 도상학적 요소는, 두 가지 수준의 의미를 지니면서 〈부정한 것〉을
정화하는 힘을 나타내고 있는 것이다.

　우리들이 이제까지 피에 관해 고찰해온 것은 뼈·가죽·내장과 같은
여러 요소에도 적용이 가능하다. 이와 같이하여 인도는 〈부정한 것〉을
안으로 거두어들이고 그것을 정화하려고 했다. 사람들을 병으로부터 구
제하는 모신이 사체死體 위에 앉아서 피가 넘쳐 흐르는 두개골 잔을 들
고 있는 이미지에는, 자애로 가득차고 부드럽고 온화한 존재인 어머니
와 무시무시하고 기분 나쁜 두개골과의 대비가 의식적으로 짜맞추어져
있는 것이다. 부드럽고 온화한 것과 어쩐지 무시무시한 것이라고 하는
상반된 두 가지 것의 격차에 대한 반응을 종교 실천 속에서, 예를 들면

---

168 마라 왕조 수호여신의 상징. 바드가온의 탈레쥬 사원에 봉안되어 있다. 탈레쥬 여신
　　의 상징. 박타푸르의 옛 왕궁 근처에 거주하고 있는 화가의 스케치. 1년에 한 번, 얼
　　마되지 않는 시간에만 사람들은 이 상징을 볼 수 있다.

169

번뇌를 없애기 위한 탄력으로써 사용한다고 하는 것은 밀교가 의도했던 점이다.

그리스도교 세계에서 마리아가 〈깨끗한 것〉의 권화權化이며, 〈마녀들〉이 〈부정한 것〉의 집합소라고 하는 점에서 우리들은 그리스도교 세계에 있어서 〈정화〉의 본연의 모습이 인도나 네팔의 경우와는 다르다는 것을 발견하게 된다.

사이좋은 신들이 사는 마을

밀교密敎는 인간 속에서 운명적으로 어떤 유한성 · 비도덕성 · 정신

---

169 공양된 물소의 뿔. 베라첸 울만타 바이라브Bhelachhen Ulmanta Bhairab 사원 1층 지붕을 지탱하고 있는 버팀목 아래에 물소의 뿔이 올려져 있다. 그림 220 · 221 참조.

170

적 부정不淨 등에 직면할 때, 그러한 수준까지 스스로 내려가 자기 속으로 수용하고 정화하려고 생각하였다. 진정 밀교가 마주쳤던 문제에 현대의 우리들도 부딪치고 있다. 기계 문명까지도 초월하여 어딘가로 나아가려고 하는 〈문명〉 속에서, 인간이 유한한 인생을 살며 방황하고 있는 상황 속에서 자기가 또는 인류가 구제되기 위해서는 〈부정한 것〉을

170 카트만두 옛 왕궁에 있는 탈레쥬 사원.

힘으로 억압하려고 하는 시점에서가 아니라, 〈부정한 것〉을 포함하는 육신의 인간을 상황과 함께 어떻게 정화해 가는가 하는 관점이 유효한 것이라고 생각된다.

우리들은 자신들의 방식으로 〈부정한 것〉을 정화하는 방법을 찾아내지 않으면 안 된다.

밀교의 〈홍수洪水〉를 빠져나온 카트만두의 마을은 그와 같은 〈정화〉 작용의 한 가지 결과를 우리들에게 나타내 보여주고 있다. 그렇다 하더라도 〈정화〉의 방법은, 주민들의 생활 속에서 근대화가 늦어지는 등 대부분의 부정적인 결과를 낳았다. 그러나 길거리에 넘쳐 흐르는 〈부정不淨으로 인하여 정화된〉 신들은, 혼돈 없이 〈성스러운 것〉으로서 인간을 떠받치면서 불가사의하게 인간적인 긴밀함으로 이 마을의 〈주민〉이 아닌 나까지도 감싸주는 것처럼 생각되었다.

제4장

힘으로서의 여신
Goddesses and Energy

베 땬 댜끼니

171 인드라니

172

힌두의 세 주요신

카트만두에서 힌두교의 판테온은, 인도아대륙에 있어서의 그것과 거의 동일하다. 이러한 의미에서는 카트만두의 힌두교도 이른바 〈커다란 전통〉의 우산 속에 있다. 힌두교의 〈커다란 전통〉인 판테온의 골자는, 브라흐만·비쉬누·시바라는 세 기둥이 되는 남신男神으로 형성되어 있다는 것은 이미 서술하였다.[54] 힌두교의 초기 형태로는, 베다의 신 루드라Rudra를 원형으로 하는 시바신을 숭배하는 파(시바파)와 베다 후기에 활약했던 태양신 비쉬누를 숭배하는 파(비쉬누파)가 유력하다. 이두 파 각각의 전통은 오늘날까지 이어지고 있다. 이두 신의 활동상은

---

172 비쉬누, 브라흐만, 시바.(보는 쪽에서 오른쪽부터)
　　카트만두 시 북쪽 끝의 바트 바테니Bhāt Bhateni 사원[55]의 본당 토라나.(부분)

173

《마하바라타*Mahābhārata*》등의 서사시 속의 이야기로부터 인기를 얻고 있지만, 당시 브라흐만의 인기는 그 정도는 아니었다. 〈브라흐만〉이란, 원래는 〈악마적인 힘이 있는 언어(주문)〉를 의미하였는데, 우파니샤드의 철인들은 그것을 비인격적인 우주 원리로 생각하였다. 후세에 그 우주 원리는 인격신 브라흐만(범천)이 되었지만, 인격신 브라흐만을 주로 숭배하는 파는 존재하지 않았다. 힌두교의 세력이 불교의 그것을 능가하게 된 굽타 왕조 시대(4―6세기)에는 시바・비쉬누・브라흐만을 세 주요신으로 하는 시스템이 생겨났다. 이 셋이 〈신의 일〉을 분업하기에 이른 것이다. 즉 세계의 파괴를 시바가, 그 창조를 브라흐만이, 세계의 유지를 비쉬누가 담당한다고 하는 신화가 만들어졌다. 그때까지는 별로 서로 교섭이 없었던 시바파와 비쉬누파가 브라흐만신을 완충적

173 브라흐만신. 사면 중 서쪽 방향의 얼굴.
　　파탄 시의 쿰베슈바르Kumbheswar 사원[56]의 본당 북측.

인 존재로서 연결하여, 힌두교의 〈커다란 전통〉의 골자가 생겨나게 된 것이다. 이 세 주요신을 중심으로 하는 힌두 신화의 전체적인 구조는 오늘날에 이르기까지 그다지 변하지 않았지만, 10세기 이후가 되면서 여신 숭배가 대두하여 세 주요신에게 여신(비妃)이 덧붙여진 형태가 힌두 판테온의 중추가 되었다.

어찌되었든 시바·브라흐만·비쉬누 세 신神의 중요성은 흔들리지 않는 것이며, 카트만두에서도 조상彫像 등에서 그것을 볼 수 있다. 예를 들면 그림 172는 바트 바테니Bhāt Bhateni 사원의 본당 입구 토라나에 조각된 세 신이다. 여기서는 브라흐만신에게 한층 더 권위가 주어졌고, 중앙에 조각되어 있다. 그러나 이미 서술한 바와 같이 힌두교도에게는 브라흐만신 그 자체와의 인격적 교섭은 거의 없다. 브라흐만의 조상彫像도 다른 두 신과는 비교가 되지 않을 정도로 작게 만들어져 있다. 그림 173은 파탄 시의 오래된 힌두교 사원에 있는 쿰베슈바르Kumbheswar 경내에 있는 브라흐만 얼굴의 조상彫像이다. 이 신은 사면四面으로 표현되는 것이 일반적이며, 각각의 면(얼굴)의 표정은 다르다.

비쉬누Visnu

세계를 파괴하는 신 시바로부터 이야기를 시작하여, 다음으로 창조주로서의 브라흐만이 등장한다고 하는 것이 힌두 신화의 이야기 방식이지만, 이 책에서는 고찰의 편의상 먼저 비쉬누신에 관해서 서술하도록 하겠다. 카트만두 분지에서는 비쉬누신 쪽이 브라흐만보다도 한층 더 그 모습을 다양하게 변화시키고, 또한 좀더 많은 사람이 참가하는 축제와 의례의 대상이 되기 때문이다.

비쉬누의 뛰어난 조형작품은 카트만두 시에서 동쪽으로 10킬로미터 떨어진 약간 높은 언덕 위에 있는 찬구 나라얀Changu Narayan 사원

174

(그림 083)[57)]에 풍부하다. 경내에 자연스럽게 놓아둔 조상彫像은 비쉬
누신의 여러 가지 화신化身의 모습을 보여준다.(그림 175 · 176)

　카트만두는 의례 행위의 에너지로 가득차 있다. 지금 인구는 170만을

174 가루다조를 타고 있는 비쉬누와 그의 비.파탄 시의 옛 왕궁 순다리 쵸크에 있는〈왕
　을 위한 목욕탕〉(그림 037 참조)의 물이 솟아나오는 입구를 도안화한 것. 판목版木
　은 카트만두에서 1985년에 입수. 29.0㎝×22.5㎝.

175 세계를 세 발자국으로 건너는 비쉬누. 찬구 나라얀Changu Narayan 사원.

176 인사자(느르싱하)로 화신한 비쉬누. 찬구 나라얀 사원.

178

넘어서 자동차 정체停滯를 볼 수 있을 정도의 도시로 발전하였지만, 1
년을 통틀어 사람들이 종교적 행사를 위해 지불하는 에너지는 다른 도
시에서는 생각할 수 없을 정도이다. 예를 들면 비슷한 정도의 인구를 지
닌 바라문 문화의 한 중심지인 인도의 마하라슈트라Maharashtra 주의
푸나Poona 시 등과 비교해 보더라도 카트만두 쪽이 훨씬 종교적 분위
기로 가득차 있다. 종교적 행사에 에너지를 소비하는 것에 관한 시비는
별도로 하고, 카트만두는 오늘날의 세계 속에서 이슬람 세계를 제외하
면 종교적 에너지가 집약적으로 소비되고 있는 지역의 하나이다.

크리슈나Krishna의 탄생일 축제(크리슈나 쟈얀티)에는 분지 안에 살
고 있는 여성들이 파탄 시의 옛 왕궁 광장에 있는 크리슈나 사원 앞으로
모여든다.(그림 177) 이미 제1장에서 서술한 바와 같이, 크리슈나신은

177 크리슈나신의 탄생일을 축하하기 위해 모여든 여성들. 파탄 시 옛 왕궁 앞의 광장.
사진 오른쪽 아래에 물 쵸크가 보인다. 사진 오른쪽 위의 사원은 탈레쥬를 제사지
내는 데그타레.[58] 1982년 8월.
178 가이 쟈트라(소 행렬) 축제에 모인 사람들. 카트만두 시 옛 왕궁 앞 광장. 아이들뿐만
아니라, 때로는 어른들도 소(牛)의 모습을 하고 행렬을 만든다. 죽은 사람의 영혼
을 달래는 날이기도 하다. 1982년 8월.

179

180

182

비쉬누신의 한 화신인데, 목동 크리슈나는 목동녀들과 희롱을 한다. 그
희롱하는 모습이 이 세계라고 힌두 신화는 전한다. 크리슈나 탄생일에
는 아가씨들이 화려하게 차려입고 크리슈나의〈아내〉가 되기 위해 몰려
든다. 요컨대 크리슈나와 목동녀들의 희롱 속에 자신들도 참가하고자
하는 것이다.

비쉬누는 나중에 락슈미Laksmi(비쉬누신의 아내로, 행운과 미의 여
신. 길상천녀吉祥天女—역주)를 아내로 삼았지만, 사라스바티Sarasvati
(변재천弁才天, 학문·지혜·변설弁說·음악의 여신—역주)도 그의 아
내가 되었다. 이 두 여신이 비쉬누신의 좌우에 나란히 있는 구도는 카트
만두의 헝겊 그림에서 자주 볼 수 있다.[59] 팔모신의 하나인 바이슈나비
는〈비쉬누〉라는 명칭의 여성형인데, 이 여신은 후세에 말하자면 인공

179 고행자의 모습을 한 시바. 하늘에서 떨어져 나온 갠지즈 강을 머리로 받아서, 홍수
　　로부터 사람들을 구한다고 전해진다. 카트만두에서 시판된 것. 52cm×35.5cm.
180 링가. 쿰베슈바르 사원 본당 내부. 1989년 11월.
181 하리하라. 하리(비쉬누)와 하라(시바)의 합체상合體像. 마주 보아서 오른쪽 반인 비
　　쉬누는 곤봉을 지녔고, 가루다조를 탔다. 왼쪽 반인 시바는 삼지창을 지녔고, 소를 탔
　　다. 쿰베슈바르 사원.

183

적으로 만들었다는 측면도 있으며, 락슈미처럼 그 자신이 신화 속에서 역사를 지니고 있는 것은 아니다. 그러나 팔모신의 하나로 탄생한 이후로 바이슈나비의 역사도 상당히 오래된 것이다.

비쉬누는 왕으로 존경되었다. 파탄 시의 순다리 쵸크Sundari Chowk의 안뜰에 판 〈왕을 위한 목욕탕〉(그림 037)에서 볼 수 있는 조상彫像의 중심은 비쉬누와 그의 비妃이다. 왕은 힘 있는 자인 것이다. 힘으로 적을 정복한다. 남신男神은 대체로 힘에 의하여 그 업을 이룩하는 것이며, 사물을 낳는 것에는 당연한 일이지만 그다지 관심이 없다.

베다에서 가장 힘 있는 신은 인드라(불교에서 받아들여 제석천이 되었다)이다. 어떤 학자들은 그를 창조주로 생각하지만, 그는 적어도 《구약성서》에 있어서 야훼(여호와)와 같은 의미에서의 창조주는 아니다. 인

---

182 파슈파티나트Paśupatināth 사원. 사진 아래는 바그마티 강 연안의 가트이며, 이곳에서 화장火葬이 행해지고 있다. 1987년 7월.
183 파슈파티나트 사원. 바그마티 강을 끼고 그림 182와 반대 방향에 있는 링가군. 1987년 7월.

184

드라가 〈태어났을 때〉 이미 하늘과 땅은 존재하고 있었다. 이 신은 용
龍 부르트라Vrtra를 퇴치한 것으로 유명하지만, 그는 세계에 있어서 형
상의 변화를 담당하는 것이며 세계 그 자체를 낳는 원천은 아니다. 요컨
대 영웅 인드라의 본질도 힘이다. 그러나 뒤에서 볼 수 있듯이 남신들의
특징인 힘(샥티)은 그들의 아내(妃妃 : 샥티) 그 자체이다, 라고 생각하
게 되었다. 즉 남신의 본질로서의 힘이 아내로서 표상되었던 것이다.

시바신과 자식들

카트만두 분지에는 파슈파티나트Paśupatināth 사원(그림 182)을 비

---

184 파슈파티나트 사원의 경내에서 공양물을 파는 여성. 1987년 7월.

185

롯하여 수많은 시바 사원이 있다. 이 시바파 계통의 사원에 있어서 〈신
들의 가족〉의 이미지는, 비쉬누파 계통의 사원에 있어서보다도 훨씬 강
력한 것으로 생각된다. 그것은 비쉬누, 또는 크리슈나의 자식이 신화 속
에서 활약하지 않는 것에 따른 것일 터이다. 크리슈나는 종종 스스로가
어린이의 모습을 취한다. 기어다니고 있는 유아의 모습으로 표현되어,
〈바라 크리슈나〉(어린이 크리슈나)라고 불리우고 있다. 비쉬누의 아내
는 부富와 지혜의 여신이더라도, 〈어머니〉로서의 느낌을 그다지 주지
않는다. 후세에 비쉬누신과 동일시되었던 서사시 《라마야나》의 주인공
인 라마 왕자와 그의 아내 시타Sita와의 사이에도 어린아이가 없다.

　한편 시바파 계통의 사원에 시바와 아내와 자식들의 이미지가 넘쳐
흐르고 있다. 이미 서술한 바와 같이, 시바의 아내는 히말라야 산의 딸

---

185 힌두교 행자. 〈無言의 行〉을 하고 있는 듯, 결코 말을 하지 않았다. 1987년 7월.

186

파르바티Parvati이지만〈우마Umā〉로도 불린다.〈우마〉란 필경〈어머
니〉를 의미한다. 이 두 사람에게는 가네샤와 카르티케야(스칸다)라고
하는 자식이 둘 있다. 시바 옆에 가네샤를 안은 파르바티가 서 있는 구
도는 현대 힌두교 회화에서 가장 즐겨 쓰는 모티프이다.

시바신에게는 고행자의 이미지도 강하다.(그림 179) 그 고행자의 마
음을 파르바티가 받아들여, 두 사람의 결혼으로 군신軍神 카르티케야
Kārtikeya가 태어났다고 신화는 전하고 있다. 이 소재를 시詩로 묘사
한 것이 칼리다사의《왕자의 탄생》(쿠마라삼바바)이다.

카트만두 시의 북쪽 끝 하디가온 지구地區의 바가바티 사원(그림
186)의 주존主尊은 카르티케야이다.(그림 144) 이 신은 공작을 타고 있
으며 종종 여섯 개의 얼굴로 표현된다. 이 카르티케야상像을 마주 보고

---

186 하디가온 바가바티Hadigaon Bhagavatī 사원.[60] 바트 바테니 사원(그림 172 참조)
근처, 카트만두 시 북쪽 끝에 위치하는 이 사원은 소규모이지만, 여신과 그 가족의
구성을 잘 나타내고 있다. 중존中尊은 카르티케야Kārtikeya이다.

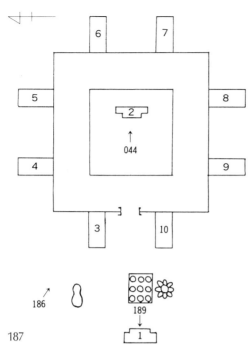

1 우마 · 마헤슈바라
2 카르티케야(그림 044)
3 인드라니
4 차문다
5 마하락슈미
6 브라흐마니
7 루드라니(마헤슈바리)
8 카우마리(그림 188)
9 바이슈나비
10 바라히

서 있는 것 같은 시바(마헤슈바라)와 그의 비妃 우마의 상像이 있다.(그림 189) 마헤슈바라의 왼쪽 무릎에 우마가 앉아 있는 이 구도는 〈우마 마헤슈바라상像〉으로 불리며, 네팔뿐 아니라 전인도에 있어서 유명하다. 하디가온의 바가바티 사원의 일층 지붕을 지탱하고 있는 나무 기둥에는 팔모신상이 있고, 모신母神들은 카르티케야를 에워싸서 지키고 있다. 이와 같이 이 바가바티 사원은 시바와 그 〈가족〉으로 구성된 코스모스를 표현하고 있다.

시바의 본질은 힘, 특히 성적인 힘이다. 그는 세계를 파괴하는 신으로 알려져 있지만, 링가(남근)가 그의 가장 일반적인 상징이라는 점에서도 알 수 있듯이 이 신의 본질은 생명 에너지이다.

시바의 상징으로서 링가 이미지는, 후기 요가의 주류인 하타 요가에

187 하디가온 바가바티 사원 배치도.
188 카우마리. 이 여신의 이름은 〈처녀 · 소녀〉를 의미하지만, 때때로 무시무시한 얼굴을 한다. 바가바티 사원의 버팀목.(그림 187 참조)
189 비妃 우마Umā와 남편 마헤슈바라Maheśvara. 남편이 오른쪽(보는 쪽에서는 왼쪽)에 있는 것이, 인도의 전통이다. 그림 187 참조.

190

서 중요한 역할을 담당하고 있다. 이 이미지는 하타 요가를 실천하는 행자行者의 신체에 나타난다. 하타 요가의 이론은 행자의 신체와 같은 형태와 크기를 지니면서, 눈에는 보이지 않는 〈메타 신체〉를 생각한다. 그 메타 신체의 중앙에는 중맥中脈이 달리고 있는 미저골尾骶骨·생식기·단전·가슴·목 등의 요소에 차크라라고 불리는 신경총神經叢이 있다. 가장 아래의 차크라에는 링가가 있고, 그 주위에 〈쿤달리니〉라고 불리우는 뱀이 몸을 감고 잠들어 있다. 이 뱀은 여성이며 힘(샥티)이다. 행자行者는 〈기〉(푸라나) 훈련에 따라, 이 잠들어 있는 여신을 깨어나게 한다. 낫 모양의 머리(주로 뱀의 머리를 위로 쳐들었을 때를 말함—역주)를 쳐든 뱀을 날마다 길들여서 서서히 중맥中脈 속을 올라가게 하는

---

190 스베타 바이라바.
바이라바 얼굴의 전형적인 이미지. 선묘로서 카트만두에서 시판된 것. 31.5cm×24cm.
191 바이라바(중앙), 가네샤(맞은편에서 왼쪽)와 카르티케야(맞은편에서 오른쪽), 인드라 죠크의 아카스 바이라브Akash Bhairab 사원[61] 입구 위의 토라나.(부분)
192 링가. 토대 부위에 뱀이 감겨 있다. 쿰베슈바르 사원 본당. 그림 180의 오른쪽 아래에 이 링가의 두부가 비치고 있다. 두부에는 꽃이 올려져 있다.

191

192

193 바이라바. 아귀를 타고 있다. 가로폭 약 1미터. 바드가온 옛 왕궁 광장에 그림 194의
여신과 쌍을 이루며 놓여 있다.

194 물소의 마신을 살해한 여신 두르가. 여성이 상위에 놓여 있다. 쌍을 이루며 놓여 있는 그림 193의 바이라바 맞은편 왼쪽.

195

작업을 대략 40일 계속한 후, 행자는 머리 꼭대기에 있는 천 개의 꽃잎을 지닌 차크라 속으로 들어가게 하는 것이다. 이때에 남성 원리인 시바와 여성 원리인 쿤달리니와의 합일이 느껴지게 된다. 이 합일에 의해 요가 행자는 지향하던 개체의 전체를 향한 회귀, 즉 〈성스러운 것〉인 우주를 향해 되돌아가는 일을 완수하는 것이다.[62)

이런 종류의 요가 이론에서는 〈여성 원리〉가 작용한다고 생각한다. 여기에서 시바는 여성이 잠드는 곳이며, 여행하는 여신 〈뱀〉을 기다려 맞이하는 숙소이다. 이와 같이 시바는 적어도 이 요가 행자의 〈미세한 신체〉(스쿠슈마 샤리라)라고 불리우는 메타 신체에서는 뱀의 모습을 한 여신보다도 비활동적이다. 덧붙여 말하면, 여기에서는 여성이 관管(맥脈) 속을 넓히면서 상승하는 것으로 표상되고 있다. 요컨대, 보통의 이

---

195 바드가온의 탈레쥬 사원 바깥문.[63)] 순 도카Sun Dhoka. 그림 010 참조. 속문은 이 안에 있다.

196

미지를 역전시켜 놓은 점이 있다. 여성이 남성의 활동 에너지 그 자체라
고 생각되어지고 있는 것이다.

　여신 쿤달리니가 남신男神 시바의 활동 에너지(힘＝샥티)라면 시바
자신은 도대체 무엇인가? 여신이 깃들어 있는 곳인 이 링가에는 파괴의
신 시바의 모습은 없다. 시바의 이미지는 링가를 비롯하여 여러 가지 형
상(무르티)으로 표현되고 있는데, 그 중의 하나로〈링가 가운데서 태어
나는 형상〉(링가 우드바바 무르티)이 있다. 이 형상에서는 링가의 원통
면을 뚫고 나오듯이 하면서 시바가 모습을 드러내고 있다. 그러나 차크
라 가운데 링가에서는 시바가 뛰쳐나오는 일은 없다. 여기의 시바 링가
는〈힘의 용기容器〉로서 기능하고 있지만, 이것은 일반적으로 여성의
기능이다. 이것은 시바에게 원래 갖추어져 있는 힘과 그 기체(容器)라

197
198

199
200

201 202

197 대모신大母神 칼리.
198 도마뱀의 일종.
그림 196에서 보이는 토라나 맞은편 오른
쪽 아래, 그림 197의 여신 맞은편 왼쪽에
징을 박아놓았다. 이 동물과 여신과의 관
계는 깊다.[65]
199 카르티케야Kârtikeya.
200 비쉬누Viṣṇu.
201 대모신大母神 칼리Kālī.
202 가네샤Gaṇeśa.
203 시바Śiva. 바이라바 모습을 취했다.

203

—204

고 하는 두 가지 기능이 분산하여 힘을 여신으로서 표상한 결과라고 생
각된다.

링가의 겉모습은 분명히 남근男根이며, 시바의 상징으로서 링가를 만
드는 일은 고대의 남근 숭배가 힌두교의 대두와 더불어 시바 숭배 속으
로 편입된 것이다. 이 상징이 의미하는 것은 생명 에너지일 것이다. 이
것은 남근이라는 형태에서라기보다는 직접적으로 이해할 수 있는 상징
의미이며, 제3장에서 서술한 〈원초적인 상징 의미〉이다.

링가는 일반적으로 남근의 형태로 표현되지만, 때로는 알 모양으로도
표현된다. 카트만두뿐만 아니라 인도 각지에서도 2,3센티미터에서 수십
센티미터 크기의 알 모양의 돌이 링가로서 숭배되고 있다. 그 돌은 주로
반투명한 것이 이용되고 있으며 그 중에는 선명한 핏줄과 같은 것이 들

---

204 푸르나 찬디Purna Chandi 사원. 파탄 시 남서에 위치한다. 층탑의 힌두 사원. 이 사
　　원의 층탑 정면(남쪽)에는 세 개의 입구가 있고, 각각에 토라나가 있다.

205

어 있는 것을 볼 수 있는데, 사람들은 이것을 특히 좋아하고 있다. 이것은 명확히 〈우주란宇宙卵의 심벌〉이다. 이 우주란宇宙卵의 심벌리즘은 알 모양의 돌의 경우뿐만 아니라, 남근 모양의 링가의 경우에서도 보인다. 우주란으로서의 심벌도, 남근의 그것과 마찬가지로 〈원초적인 상징 의미〉의 요소를 포함하고 있다. 그러나 우주란이라는 의미에서는 신화적·철학적 전통 속에서 길러져 온 교의적인 의미가 보다 많이 포함되어 있는 것도 사실이다.

어찌되었거나 시바 링가에는 〈힘〉, 그리고 〈힘의 기체基體로서의 세계〉라는 두 가지의 의미가 있는데, 하타 요가의 교의에서는 〈힘〉이 여신 쿤달리니가 되고, 〈힘의 기체로서의 세계〉가 남신男神 시바가 되었다고 생각할 수 있다. 요가 행자가 지향하는 것은 힘(에너지)으로서의

---

205 푸르나 찬디 여신상. 푸르나 찬디 사원의 남쪽 정면 세 개의 토라나 가운데 중앙의 토라나 중심부.

206

여성 원리와 힘의 기체(소재)로서의 남성 원리의 합일을 행자 자신의 신체로 감득하는 것이다.

  하타 요가에서뿐만 아니라 힌두교 전체에 있어서, 남신 시바는 에너지와 소재(질량)라는 두 가지의 기능을 지니고 있다. 이 기능 중 에너지(샥티)는 여신 숭배의 대두와 더불어 여신으로서 표상되게 되었다. 그런데 에너지는 소재(마타)를 장場으로 활용하는 것이지만, 그 소재(마타)는 고대 세계에서는 〈어머니〉(마더)로서 표상되고 있었던 것이다. 베다의 종교와 초기 힌두교에서는 여신의 세력이 왕성하지 못했기 때문에 원형 〈어머니〉가 지닌 심벌리즘도 남근이 담당하였다. 그렇지만 힌두교의 후기에 여신 숭배가 성행하게 되자, 남신의 힘을 여성으로서 표상하는 한편, 여기에서 고찰한 바와 같이 세계를 형성하는 소재 그 자체

207

도 여성으로서 표상하는 경향이 강해졌다. 요컨대 에너지와 그 기체基體로서의 세계라는 양자를 여성으로서 표상하는 경향이 힌두교 후기에는 강해졌던 것이다. 여신 숭배(샥티즘)에서는, 이처럼 여성 원리가 지배하는 기체(소재) 위에서의 활동도 여성이라고 하게 되었고, 여성 원리 속에서 현상세계現像世界의 생성을 말하게 되었다.

바이라바Bhairava(바이라브)

무시무시한 형상의 시바를 바이라바, 네팔어로는 바이라브라 부르는 것은 이미 서술하였다. 어느 무렵부터 바이라바가 8명으로 구성되었는가

---

207 푸르나 찬디 사원 남쪽 정면의 세 토라나 중 맞은편 왼쪽 끝의 토라나.
중앙은 바이라바.

는 명백하지 않다. 그렇지만 인도에서 편찬된 《브라흐마 안나 푸라나》에서는 (1)루루 (2)운맛타 (3)상하라 (4)비샤나 (5)아시탕가 (6)카팔라 (7)크로다 (8)프라찬다라고 하는 8가지 이름이 열거되어 있다.[66] 더구나 인도아대륙에서는 64종의 바이라바도 등장하고 있다.[67] 그러나 오늘날 여러 가지 종류의 바이라바 이미지를 볼 수 있고, 바이라바 숭배가 뿌리 깊게 남아 있는 대표적인 지역은 카트만두 분지이다.

〈바이라바〉란 〈무시무시한 것〉의 의미이며, 그림 190에서 보는 바와 같이 크게 열린 입, 그 속에서 튀어나온 치아, 치켜 올라간 눈썹과 노여움으로 가득찬 눈, 게다가 거꾸로 선 머리카락과 해골의 머리장식 등 무시무시함이 강조되어 있다. 피로 가득찬 두개골 잔을 오른손에 들고 있는 것으로 보아(그림 191) 그도 피의 의례를 요구하는 신이다. 8인의 바이라바 각각은 팔모신 각자와 쌍을 이루며 힌두 판테온의 주변에 배치되어 있다. 팔모신(또는 칠모신)은 힌두교 대두기에 당시 유명했던 남신들의 아내로서 힌두교 판테온의 구성원이 되었고, 힌두교 후기에 이르러 바이라바들의 동반자가 되었다. 바이라바존들 중에는 가루다새나 산돼지를 타는 등, 예전 〈남편〉들의 흔적을 남기고 있는 것도 있다. 그렇지만 가루다새를 탄 바이라바도 비쉬누와 직접적인 관계는 없다. 바이라바는 시바 형상 가운데 한 형태이지만, 그들과 칠모신의 예전 〈남편〉들과의 관계도 별로 찾아볼 수 없다.

여신과 그 가족

카트만두 분지에는 샥타파(여신 숭배파)의 사원이 꽤 많으며, 그곳에서는 여신을 중심으로 한 〈가족〉의 조상彫像과 그림을 종종 볼 수 있다. 힌두교 초기에는 시바를 중심으로 그 가족의 이미지가 묘사되었지만, 힌두교 후기에는 여신을 중심으로 하는 가족상家族像의 묘사가 많

❖ 차크라바르틴Cakravartin : 〈세계의 지배자〉의 뜻. 불교 경전에서는 전륜성왕轉輪聖王으로 일컫는 이상理想의 제왕帝王. 고대 인도, 특히 불교도와 자이나교도에게 있어서는 전세계를 통치하는 이상의 제왕이며, 대승 경전에서 이 관념을 발전시켰다. 이 왕은 보통 일곱 개의 보석과 네 가지 덕德을 갖추고 세계를 지배한다고 되어 있다. 《바유 푸라나》에 의하면, 차크라바르틴은 비쉬누의 차크라를 손에 들고 태어났고, 그 신체에는 32의 커다란 길상吉祥의 표시, 수많은 제2의적인 표시의 특징을 지니고 있다고 일컬어진다.

아졌다. 예를 들어 바드가온 시의 옛 왕궁에 있는 탈레쥬 사원 입구(그림 195)에는 여신을 중심으로 한〈성가족상聖家族像〉이 보인다. 이곳에서는 여신은 차문다와 동일시되는 칼리의 모습을 취하고 있으며,(그림 197·201) 아들 카르티케야(그림 199)와 가네샤(그림 202), 바이라바 모습을 한 남편 시바(그림 203)의 상像을 볼 수 있으며, 더구나 비쉬누(그림 200)도 볼 수 있다. 이것은 여신을 중심으로 한 힌두교의 판테온이다.

같은 여신을 중심으로 한 판테온은, 샥타파의 푸르나 찬디Purna Chandi 사원(그림 204)⁶⁸⁾에서도 볼 수 있다. 이 사원의 층탑 정면에는 세 개의 문이 있고, 각각의 문 위에 토라나가 있다. 중앙의 토라나에는 여신 푸르나 찬디Purna Chandi(그림 205)가, 맞은편 왼쪽의 토라나에는 바이라바상(그림 207)이, 오른쪽에는 비쉬누의 화신 느르싱하(인사자人獅子)의 상(그림 206)이 있다. 또한 일층의 지붕을 지탱하고 있는 버팀목이 사방으로 4개씩 있고, 그 4개에 여신과 바이라바, 그리고 이 둘의 아들 상像이 있다.(그림 208~211) 이처럼 푸르나 찬디 사원은, 여신을 중심으로 한 힌두 판테온을 층탑이라고 하는 하나의 입체 코스모스 속에 표현한 것이다.

카트만두 여신의 전형적 이미지

이와 같이 인도라는 남자는 실제로 여러 가지 여신의 이미지(여신의 아니마)를 길러 왔다. 바드가온의 탈레쥬 사원 입구의 토라나(그림 039)에서 본 바와 같이 악마의 신을 죽이는 미녀이거나, 그 토라나 밑에서 볼 수 있는 것과 같이 생고기를 먹는 무시무시한 여자(그림 197·201)이기도 하다. 카트만두 분지에서 여신 이미지의 전형은, 물소 악마신을 죽이는 미녀 두르가(예를 들면 그림 149)와 두개골 잔으로 피를 마시는 칼리

(예를 들면 그림 110)이다. 이 분지에서는 칼리와 차문다는 종종 동일시 되고 있다.(예를 들면 그림 152) 여덟 개의 팔을 가진 차문다가 〈바드라 칼리〉로 불린다는 것은 이미 서술했지만, 이 점에서도 알 수 있는 바와 같이 칼리 숭배와 차문다 숭배가 부분적으로 중첩되는 것은 인도아대륙 의 여기저기에서 일어나는 일이다. 두르가와 칼리(혹은 차문다)란 말라 왕조의 수호 여신 탈레쥬의 모습이기도 하다.

말라 왕조 삼국 분립시대(1620–1768)에는 분지 안의 세 도시에 각 각의 왕궁이 세워졌고, 그 왕궁에는 말라족의 수호 여신 탈레쥬 사원이 건립되어 오늘날까지 남아 있다. 카트만두에서 탈레쥬 여신의 상징은 항아리라고 한다.[69] 항아리는 여신·모신의 상징으로서 어울린다. 항아 리는 곡물의 그릇이며 살아 있는 것을 감싸는 자루이다. 바드가온 시의 탈레쥬 여신의 상징(그림 168)도 전체로서는 항아리 형태를 하고 있으 며, 그 〈배〉(腹)의 부분이 여신의 얼굴로 만들어져 있다. 카트만두 옛 시가市街의 아산 지구에 있는 안나 푸르나 사원 본존本尊의 상징도 항 아리이다.[70]

소재로서의 〈어머니〉

융Jung이 심적기능心的機能의 원형으로서 〈어머니〉를 생각한 것은 이미 서술하였다. 그는 원형이란 내용과 관련된 것이 아니라 단지 형식 으로서 인식되고 있는 데 지나지 않으며, 그것도 지극히 한정된 방식에 불과하다고 말했다. 그렇다고 하더라도, 융은 원형 〈어머니〉가 어머니· 여신·대지·동굴·자궁·남비·여성의 음부 등과 같이 갖가지 모습 을 취하고 있음을 인정하고 있다.[71]

대지이며 자궁인 〈어머니〉는 생물을 낳아서 기르는 신체이다. 그곳 에서 갖가지 것이 태어나고, 자라고, 죽음으로 되돌아가는 기체基體가

◆ 이세신궁伊勢神宮 : 황대신관皇大神官과 풍수대신관豊受大神官의 총칭. 옛날부터 황실 숭배가 두터웠고, 또한 민간에서도 널리 신앙되었다. 건축은 20년마다 조관造官 천 관遷官이 행해진다. 공식적으로는 신관神官이지만, 이세대묘伊勢大廟·대신관大神官으 로 불린다.

되는 것이다. 적어도 힌두 철학의 근저에는, 만물의 그와 같은 기저基底
의 존재에 대한 신앙이 고대부터 있다. 그 기저는 세계를 초월한 창조주
는 아니다. 오히려 세계의 소재 그 자체가 스스로를 전개시켜 간다고 생
각한다. 힌두 철학의 전형이며 힌두교 신앙의 기본이기도 한 상캬 철학
에서는, 세계는 원질原質(프라크리티Prakrti)이라는 근본 물질의 전개
(변전)에 의해 생겨난다고 생각한다. 원질原質은 바로 질량을 수반하는
원형〈어머니〉이다. 원질原質은 아직 현상세계의 다양한 모습을 취하
고 있지는 않다. 그러한 의미에서는 형식으로서 인식되고 있을 뿐이지
만, 원질原質은 이미 소재라는 점을 잊어서는 안 된다. 이 소재는〈빛〉
을 본질로 하는 순질純質(삿트바)과〈어둠〉을 본질로 하는 암질暗質
(타마스)과, 그 양자 사이를 연결하는〈운동〉을 본질로 하는 격질激質
(라쟈스)이라고 하는 세 가지 요소로 구성되어 있다.[72] 이러한 세 가지
요소는 각각 자애慈愛・암흑・열광적 정동情動이라는〈어머니〉의 본
질적인 세 측면을 말하고 있다. 그러한 어머니의 세 측면, 즉 성질은 동
시에 현상의 소재(성질의 기체基體)이기도 하다. 성질에도, 물질에도 어
떤 점에서는〈원질原質의 세 구성 요소〉의 사상적 특징이 있다. 또한
이것은 힌두교에서〈어머니〉라는 성격의 본질을 말하고 있다. 요컨대
힌두의 모신・여신은 세계가 스스로를 형성할 때의 힘인 동시에 세계의
소재이기도 하다.

　시바의 링가가 세계(우주란宇宙卵)를 의미하는 것임은 이미 서술하
였지만, 샥타파에 있어서 여신은 생물의 항아리, 요컨대 우주란으로서
의 대지모신이라는 원래의 심벌리즘을 취하는 것이다. 그리고 힌두 남
신들의 본질이었던 힘(샥티)도 역시 여신의 것이 되었다.

　이와 같은 원형〈어머니〉의 세계에서는, 생물의 활동은 생명 에너지
의 기체인〈어머니〉로부터 떨어지려고 하기보다도 오히려 어머니의 심
오함 속으로 잠행해 버리려는 경향이 생긴다.

　그림 212A를 보기 바란다. 여기에서 물체는 태어나자 모체로부터 떨

208

209

어져 나와 독립을 갈구하지만, 이윽고 그것은 에너지를 사용하여 결국
소재인 자연으로 돌아간다. a의 화살 표시는 〈육체〉인 모체로부터 떨어
지려고 하는 〈영靈〉의 힘을 나타냈고, b의 화살 표시는 그와 같은 〈영〉
을 〈육체〉 속으로 불러들이는 〈어머니〉의 힘을 말해 주고 있다. c는 에
너지가 사용된 결과로써 〈죽음〉의 시점을, d는 생물이 다시 삶의 활동

---

208 쿠마라Kumāra.
　　시바와 그의 비 파르바티의 아들. 공작을 탄다. 신체는 빨강색. 푸르나 찬디 사원의
　　1층 지붕을 지탱하는 남쪽 면의 버팀목 4개 중 맞은편 왼쪽 끝.
209 파르바티Pārvatī.
　　사자를 탄다. 신체는 오렌지색. 맞은편 오른쪽에서 두번째.

210

211

을 시작하는 벡터Vektor를 가리키고 있다. 이렇게 하여 이 그림에서는, 생물은 어머니로부터 독립을 하려다가 어머니에게 되돌아가고 그리하여 재생한다고 하는 식으로 생각할 수 있다. 이것은 융이 생각한 도식과 근사한 것이라고 생각된다.

다음으로 그림 212B를 보기 바란다. 여기에서는 생生 에너지(힘=샥

---

210 바이라바상(畏怖相)을 한 시바.
　　베타라(死鬼)를 탄다. 신체는 푸른색. 맞은편 왼쪽 끝에서 두번째.
211 가네샤Gaṇeśa.
　　시바와 파르바티의 아들. 쥐를 탄다. 신체는 하얀색. 맞은편 왼쪽 끝의 버팀목.

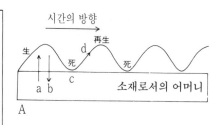

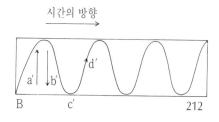

티)도, 그 기체(소재·자연·세계)도 〈어머니〉이거나 혹은 〈어머니〉의
속에 있다. 태어난 것을 자라나게 하는 힘도 여성이며, 태어난 것의 신
체를 구성하는 소재도 여성이다. 따라서 여기에서는 활동이 멈추어 버
린 시점(c′)이 〈어머니〉의 폭력으로부터 탈출할 수 있는 기회가 된다.
상캬 철학에 기초를 두고 있는 고전 요가학파(기원 2−4세기에 성립)에
서는, 여성 원리 프라크리티의 활동인 모든 심적 활동이 정지되었을 때
구해야만 하는 남성 원리인 영아靈我(푸루샤puruṣa)와 접할 수 있을 것
으로 생각했다. 고전 요가가 샥타파에 속하는 것은 물론 아니지만, 인도
에서는 샥타파가 세력을 갖기 이전부터 에너지와 그 기체의 양자를 여
성으로 생각하는 전통이 있었던 것은 사실이다.

　　이와 같은 여성 원리가 지배적인 세계에서는 개체가 〈어머니〉로부터
떨어져 나오기 위해서 어떠한 노력을 하더라도, 결국은 〈어머니〉로부
터 탈출할 수 없다. 노력, 즉 활동 에너지 그 자체가 〈어머니〉의 에너지
와 다른 것이 아니기 때문이다. 고전 요가는 〈어머니〉의 구현인 원질原
質의 활동을 제어하고, 〈어머니〉의 폭력으로부터 해방되는 것을 지향
한다. 이 경우는 〈어머니〉 또는 여성 원리로서의 원질原質은 소멸되어
야 할 〈속된 것〉이며, 남성 원리인 정신은 찾아야 할 〈성스러운 것〉이다.

　　한편 샥타파에서는 원질原質이 긍정되어야 할 생명체의 활동은 결코
부정되어야 할 〈속된 것〉은 아니다. 이 파派의 사람들에게 중요한 것은
생명체의 에너지를 활성화하는 것이며, 그것을 지멸止滅로 이끌어서는
안 된다. 그러나 남성 원리로서의 시바는, 소멸되어야 할 〈속된 것〉은

---

212 소재로서의 〈어머니〉와 삶(生)에너지
　　A 삶(生)의 영위가 〈어머니〉 밖으로 나올 때가 있는 경우
　　　a 〈어머니〉로부터 멀어지는 생물의 힘
　　　b 〈어머니〉가 생물을 본래대로 되돌리는 힘
　　　c 죽음
　　　d 재생으로의 벡터

아니다. 여기에서 시바는 〈성스러운 것〉 또는 〈속된 것〉이라고 하는 것과 같은 〈종교적 행위 에너지의 전하電荷〉를 거의 띠지 않으며, 위험할 정도로 성성聖性의 도를 높인 여성이 그 에너지를 보유하기 위한 장場인 것이다.

샥타파의 이 사고방식은 하타 요가의 행법行法과도 관계되어 있다. 요컨대 고전 요가 성립 후, 대략 10세기 이후에 하나의 구조로 성립된 이 행법에서는 여신 숭배의 영향이 두드러진다. 정신생리학적인 훈련을 중시하는 이 행법에서는 잠자고 있는(활동을 정지하고 있는) 여신을 깨어나게 하여 그녀의 에너지를 점차로 활성화시킨다. 마지막으로는 활성화된 그대로의 상태에서 여성 에너지는 장場으로서의 남성 속에서 흔들린다. 그것이 양자 합일의 모습이다. 인도에 있어서 탄트리즘적 경향 또는 현실 긍정의 경향이 강한 시기에 〈어머니〉는 대지모신의 심벌리즘을 되찾고, 〈성스러운 것〉으로서의 가치를 회복했다. 그러나 그 〈어머니〉의 〈모습〉인 여신들의 이미지는 단일하지는 않다. 생生 에너지의 원천인 〈어머니〉가 사신死神이기도 하기 때문이다.

B 삶(生)의 영위가 〈어머니〉 속에서 행해지는 경우
  a′ 소재로서의 〈어머니〉 속에서의 활동 에너지
  b′ 소재로서의 〈어머니〉 속에서의 소멸 벡터
  c′ 활동이 그쳤을 때의 시점
  d′ 재생으로의 벡터

제5장

모신과 바이라바존尊
Mother-Goddesses and Bhairavas

213 차문다

214

팔모신의 배열방법

칠모신(삽타 마트리카)에 마하락슈미가 첨가되어 팔모신(아스타 마트리카)이 되었다는 것은 이들 여신상이 사원 건축, 특히 층탑 형식의 것에 짜맞추어 넣기에 적격인 터였다. 여덟 존(八尊)을 사방으로 두 존尊씩 배치할 수 있기 때문이다. 카트만두 분지의 불교 및 힌두교의 층탑 지붕을 지탱하는 버팀목에는 종종 팔모신상八母神像이 있고, 두 개씩 사방에 배치되어 있다. 예를 들면 카트만두 북부의 하디가온 바가바티 사원에는, 1층 지붕을 지탱하는 여덟 개의 버팀목에 표현된 팔모신상이 바드라칼리의 경우와 똑같은 배열방식(브라흐마니가 동쪽, 바라보는 쪽에서 오른쪽 끝)으로 배치되어 있다. 파슈파티나트Paśupatināth 대

---

214 칼 바이라브Kāl Bhairab.[73] 카트만두 옛 왕궁.

215

사원 속의 바차레슈바리 사원의 제2층의 버팀목 8개에는, 층탑 밖에서 보면 왼쪽으로부터 브라흐마니(남쪽, 보는 쪽에서 오른쪽 끝)·마하락 슈미·루드라니·바이슈나비·카우마리·바라히·차문다·인드라니의 순으로 되어 있다.[74] 브라흐마니와 루드라니 사이에 마하락슈미가 들어 있는 것 이외에는 전통적인 배열방식이다. 단지 브라흐마니·마하락슈 미·루드라니·카우마리…… 순으로 왼쪽으로 돌아가고 있는 것은 주 목할 만하다.

여덟 바이라바에 관한 종래의 연구

물 쵸크Mul Chowk 서쪽 정면과 오라크 가네슈, 낙살 바가바티, 이

215 칼 바이라브. 그림 214의 선화.(그림 216~219 참조)

216 인드라니와 차문다. (마주 보아 오른쪽부터)

217 마하락슈미와 바라히. (마주 보아 오른쪽부터)

218 바이슈나비와 카우마리.(마주 보아 오른쪽부터)

219 마헤슈바리와 브라흐마니.(마주 보아 오른쪽부터)

카라크 바이라브 등 각 사원의 층탑에는 팔모신과 여덟 바이라바 등 16
존尊의 기둥이 보인다. 이러한 경우는 한 모신 한 바이라바가 쌍을 이루
며 나란히 배치되어 있다. 요컨대 모신들은 예전의 〈남편〉을 버리고,
시바의 외포상畏怖相인 바이라바를 남편으로 한 것이다. 그러나 어느
모신이 어느 바이라바와 쌍을 이루었는지, 또는 그 쌍은 항상 결정되어
있는 것인지는 여전히 명확하지 않다.

힌두 도상학의 기본 문헌인 G.라오Lao의 《힌두 도상학의 원리》에는
여덟 바이라바에 관하여 고찰하고 있지만, 어느 모신과 쌍을 이루는가
에 관해서나 바이라바의 승물乘物에 관해서는 서술하고 있지 않다.[75]
M.슬러서Sllusser의 《네팔 만다라》속에서도 카트만두 분지의 다양한
바이라바, 예를 들면 칼 바이라브와 파차리 바이라바에 관해 고찰하고
있지만, 우리들이 지금 다루고 있는 여덟 바이라바와 팔모신과의 조
합에 관해서는 다루지 않았다.[76] R.S.구프테Gupte의 《불교와 자이나
교의 도상학》에서도, 여덟 바이라바의 도상학적 특징을 나타낸 표表가
있지만 승물이라든지 쌍을 이루는 모신은 명기되어 있지 않다.[77] 이 책
에서는 카팔라(카팔리카)와 비샤나와 상하라의 지물은 일치한다.[78] 그
러나 이것이 항상 그렇다고는 단정할 수 없다.

한편 A. 맥도날드와 A. 스탈의 《네팔의 미술》에서는 박타푸르 시의
바이슈나비의 별명인 트리푸라슨다리 여신을 중심으로 한 팔모신과 여
덟 바이라바의 만다라 그림이 소개되어 있다.[79] 이것은 의례적 관점으
로 본 박타푸르 시의 배치도에 의거한 것이며, 그곳에는 팔모신과 여덟
바이라바로 구성된 8조組가 나타나 있다. 그러나 개개의 사원에서는 나
중에 고찰하듯이 항상 이와 같은 짜임새로 이루어지지는 않았다.

불교에서도 이미 《악취청정惡趣淸淨 탄트라》에서 모신을 동반한 여
덟 바이라바가 등장한다. T. 스코르프스키는 바쥬라바르만에 관한 주注
에서, 여덟 바이라바의 명칭과 여러 가지 특징이 열거되어 있는 것을 지
적하고 있다.[80] 그것을 표表로 나타내면 다음과 같다.

[표 3] 여덟 바이라바의 명칭과 특징

방향	바이라바의 명칭	색	오른손의 지물	왼손의 지물	승물
동	아시탕가	흑색	칼	피로 넘쳐 흐르는 두개골 잔	호랑이 가죽
남	프라찬다	흑색	짧은 칼	인간의 목	사자
서	울만타	흑색	삼지창	피로 넘쳐 흐르는 두개골 잔	사슴
북	차크라바르틴	흑색	경함經函	피로 넘쳐 흐르는 두개골 잔	산돼지
남동	라칸	흑색	도끼	피로 넘쳐 흐르는 두개골 잔	가루다조
남서	크로다	흑색	쇠도끼	피로 넘쳐 흐르는 두개골 잔	나찰녀 羅刹女
북서	카팔라	흑색	짧은 칼	피로 넘쳐 흐르는 두개골 잔	물소
북동	상하라	흑색	삼지창	인간의 내장	낙타

차크라바르틴Cakravartin이 비샤나와 일치하고 라칸이 루루와 일치한다면, 이들 여덟 바이라바의 배열방법은 주 79 그림의 경우와 일치한다. 그러나 그 확증을 우리는 갖고 있지 못하다. 어찌되었거나 이러한 여덟 바이라바의 신체의 색이라든지 지물 및 승물 가운데 카트만두 힌두교의 여덟 바이라바와 일치하는 것은 드물다.

여덟 바이라바의 이미지와 배열방법

파탄 시의 옛 왕궁 근처의 3층 층탑 베라첸 울만타 바이라브Bhelachhen Ulmanta Bhairab 사원의 버팀목에는 팔모신과 여덟 바이라바의 상像이 있고, 대부분의 존尊에 이름이 남아 있다.(1982 – 1987년) 그렇지만 소멸해 버렸거나, 필자로서는 판독이 불능한 것(그림 229·235)도 있었다. ⟨카트만두에서의 팔모신과 여덟 바이라바⟩[81]를 쓰던 시점에서는, 이 판독 불능의 명문銘文에 의거했던 것 등도 있지만 여덟 바이라바 각각의 명칭을 비교·정리할 수는 없었다.

1989년 12월에 이 사원을 방문했을 때, 16개의 버팀목에는 다시 칠이 칠해져 있었고, 16존尊 각각의 이름도 네와르 문자로 새로 고쳐 씌어져 있었다. 새로 씌어진 이름이 옛날 이름과 일치하는지 않는지는 단정할 수 없다. 예를 들면 그림 229의 바이라바 이름이 ⟨크로다 바이라바⟩였다고는 단정할 수 없다. 승물이나 지물에 의존해서 바이라바의 명칭을 추정하는 것은 대단히 곤란하다. 베라첸의 버팀목에 새로이 이름을 새긴 사람도 만날 수 없었다. 어쨌든 이 책에서는, 새롭게 씌어진 이름에

[표 4] 베라첸 울만타 바이라브 사원의 여덟 바이라바와 팔모신

그림 번호	바이라바 이름	승 물	쌍을 이루는 모신과 그림번호	
223	아시탕가	사자	브라흐마니	222
225	루루	아귀 또는 인간	루드라니	224
227	찬다	산돼지	카우마리	226
229	크로다	가루다조	바이슈나비	228
231	운맛타	뱀	바라히	230
233	카팔라	소	인드라니	232
235	비샤나	말	차문다	234
237	상하라	아귀 또는 인간	마하락슈미	236

220 베라첸 울만타 바이라브 사원.[82] 파탄 시의 베라체 지구.

따라서 각각의 명칭을 기록한 것이 표 4이다.

이 사원의 팔모신은 층탑 중앙에 있는 중존中尊을 중심으로 오른쪽으로 돌면서 브라흐마니·루드라니·카우마리·바이슈나비·인드라니·차문다·마하락슈미 등의 순서로 배치되어 있다. 브라흐마니 이외의 것을 기점으로 한다고 생각하더라도, 어쨌거나 오른쪽의 순서가 기본이 되는 것에는 변함이 없다. 한편 각각의 바이라바가 타는 승물과 쌍을 이루는 모신은 표 4와 같다.

이와 같은 짜임새를 트리푸라슨다리를 중심으로 하는 16존尊과 비교하면, 팔모신이 위치하는 방위는 다르지만 순서는 일치한다. 바이라바의 조합組合도, 새로운 이름에 관한 한 완전하게 일치한다. 이 팔모신과 여덟 바이라바의 조합은 불교에서는 다르게 되어 있는 경우도 있지만,[83] 힌두교에서는 일반적인 것으로 생각된다. 라마찬드라 라오S.K.Ramachandra Rao의《도상 사전 *Pratima Kosha*》에서는 지금 서술한 팔모신과 여덟 바이라바의 조합을 열거하고 있으며, 선화線畵도 게재되어 있다.[84] 그러나 여덟 바이라바의 승물은 베라첸의 경우와 상당히 다르다. 예를 들면 크로다 바이라바는 매를, 카팔라 바이라바는 코끼리를 타고 있으며, 비샤나 바이라바는 승물이 없다.

우리들이 이미 고찰한 오라크 가네슈의 층탑과 이카라크 바이라브의 층탑에도 팔모신상과 여덟 바이라바상이 있다. 이 두 가지 바이라바존尊의 경우 팔의 수는 다르지만, 승물은 완전히 일치한다. 베라첸의 여덟 바이라바와 비교해 보면, 베라첸의 루루 바이라바(아귀 또는 사체를 승물로 한다)에 해당하는 바이라바가 개를 탄 것 이외에는, 승물 모두가 일치한다. 그렇지만 여러 신이 위치하는 방향은 사원마다 다른데, 층탑의 중앙을 중심으로 여러 신의 배치방식을 회전시키면 이 세 사원의 16존尊의 배치방식과 겹친다. 베라첸의 여러 존尊은 팔이 두 개, 오라크의 여러 존尊은 팔이 여덟 개, 이카라크의 여러 존尊은 팔이 네 개이며, 그들의 양식 또한 다르다. 그럼에도 불구하고 이들 세 사원의 바이라바의

---

221 베라첸 울만타 바이라브 사원 층탑의 1층 배치도.
　　울만타와 운맛타란 바이라바(바이라브)를 가리킨다.[85] 이 사원의 1층 지붕을 지탱하고 있는 사방으로 4개씩 모두 16개의 버팀목에는, 팔모신과 여덟 바이라바의 상이 있다. 그림 222~237에서 볼 수 있듯이, 각각 일면이비상一面二臂像으로 승물을 타고 있다. 좌우의 팔을 아래위로 하여, 허리를 비틀며 춤추는 모습의 상은 카트만두 버팀목 조각의 대표적인 예이다.

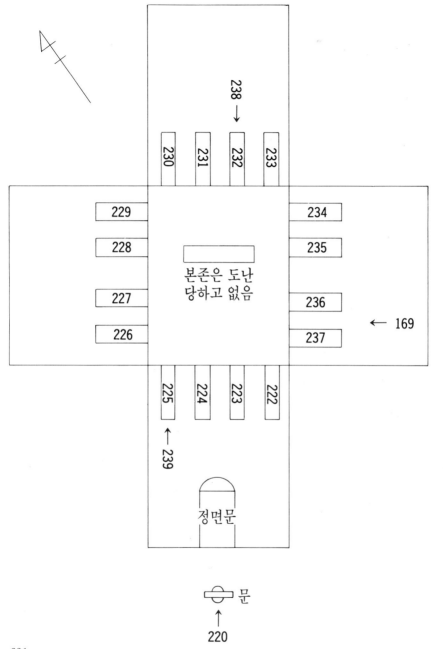

238 →

| 230 | 231 | 232 | 233 |

229		234
228		235
	본존은 도난 당하고 없음	
227		236
226		237

← 169

| 225 | 224 | 223 | 222 |

← 239

정면문

문
↑
220

221

222

223

224   225

226

227

228

229

238

230   231

232

233

234

235

236

237

240

승물과 쌍을 이루는 모신은 대개 일치하고 있다. 또한 물 쵸크Mul Chowk 서쪽 정면의 팔모신과 여덟 바이라바의 조합은 베라첸의 경우와 비교해 보면, 2조를 제외하고는 일치한다.(그림 255·257)

　이와 같이 카트만두 분지에 있는 여덟 바이라바는 팔모신의 승물과 같이 일정하지는 않지만, 대개 정해져 있는 승물이 있는 것으로 생각된다. 카트만두 분지의 여덟 바이라바존尊에 관한 한, 바이라바 각각의 특유한 지물을 지적하기란 극히 곤란하다. 특정 동물을 탄 바이라바가 각각의 바이라바의 표시로 되어 있는 지물을 들고 있다고는 할 수 없고, 승물의 종류도 항상 여덟 종이라고 말할 수는 없다. 그러나 특정의 승물을 탄 바이라바가 종종 특정의 모신과 쌍을 이루고 있는 것은 3,4세기 사이의 카트만두 분지에서 여덟 바이라바의 이미지가 대개 고정되어 있

222 브라흐마야니.(브라흐마니)
223 사자를 탄 아시탕가 바이라바. 오른손에 삼지창, 왼손에 방울을 지녔다.
224 마헤슈바리.(루드라니)
225 아귀(또는 인간)를 탄 루루 바이라바. 오른손에 뱀, 왼손에 비나를 지녔다.
226 카우마리.
227 산돼지를 탄 찬다 바이라바.(프라찬다 바이라바)

257 256 255 254 253 252 251 250 249 248 247 246 245 244 243 242

241

었다는 점을 말해 주는 것이다.

파탄Patan의 물 쵸크Mul Chowk

파탄의 옛 왕궁 물 쵸크의 서쪽 정면 입구의 버팀목에는 팔 여덟 개의 팔모신상이 각각 여덟 바이라바상과 쌍을 이루어 일렬로 배치되어 있다.(그림 242~257) 이곳에서도 타라니 사원의 경우와 마찬가지로 각각의 모신 오른쪽 첫번째 팔은 두개골 잔을 들고, 왼쪽 첫번째 팔은 길상吉祥 표시를, 오른쪽 네번째 팔은 칼을, 왼쪽 네번째 팔은 방패를 들었다. 한편 오른쪽 두번째 팔은 삼지창을, 왼쪽 두번째 팔은 밧줄을 들고

오른손에 짧은 창(샥티), 왼손에 활을 지녔다.
228 바이슈나비.
229 가루다조를 탄 바이라바. 오른손에 갈고리, 왼손에 밧줄을 지녔다.
230 바라히.
231 뱀을 탄 운맛타 바이라바. 오른손에 염주, 왼손에 연화를 지녔다.
232 인드라야니.(인드라니)

242

243

233 숫소를 탄 카팔라 바이라바. 오른손에 갈고리, 왼손에 연화의 꽃봉오리를 지녔다.
234 차문다.
235 말을 탄 비샤나 바이라바. 오른손에 곤봉을 지녔다. 왼손의 지물은 없다.
236 마하락슈미.
237 아귀(또는 인간)를 탄 상하라 바이라바.
　　오른손에 고기를 자르는 식칼, 왼손에 두개골을 지녔다.

244

245

238 인드라야니(그림 232)의 부분. 카바라(두개골 잔)를 지녔다. 1984년 8월.

239 루루 바이라바(그림 225)의 부분. 비나를 지녔다. 1984년 8월.

240 파탄 다르바르 스퀘어의 물 쵸크 서쪽 면.(그림 259 참조)[86]

241 물 쵸크(서쪽 면)의 버팀목 배치도.[87]

242 마하락슈미. 사자를 탄다.

• 그림 242~257의 지물과 신체의 색에 관해서는 표 7 참조.

247

246

247

243 인간(아귀)을 탄 바이라바
- 그림 243 · 245 · 247 · 249 · 251 · 253의 바이라바는 베라첸 사원의 바이라바와 승물이 일치한다.
244 차문다. 인간(아귀?)을 탄다.
245 말을 탄 바이라바.
246 인드라니. 코끼리를 탄다.

248

249

247 소를 탄 바이라바.
248 바라히. 물소를 탄다.
249 뱀을 탄 바이라바.

250

251

250 바이슈나비. 가루다조를 탄다.
251 가루다조를 탄 바이라바.

252

253

252 카우마리. 공작을 탄다.
253 산돼지를 탄 바이라바.

254

255

254 루드라니. 소를 탄다.

255 개를 탄 바이라바.

● 베라첸 사원에서는, 루드라니와 나란히 바이라바는 아귀 또는 인간을 탄다.
  (그림 225 참조)

256

257

256 브라흐마니. 한사조를 탄다.
257 사체死體를 탄 바이라바.
● 베라첸 사원에서는, 브라흐마니와 나란히 바이라바는 사자를 탄다.(그림 223 참조)

258

있는 것이 많다. 좌우의 세번째 팔은 각각 특징 있는 상징(브라흐마니⇒
경經[왼쪽], 루드라니⇒다말북[오른쪽], 카우마리⇒짧은 창[오른쪽], 바
이슈나비⇒원반[오른쪽]과 화염경火炎鏡[왼쪽], 바라히⇒곤봉[오른쪽],
인드라니⇒우산[오른쪽]과 금강[왼쪽], 차문다⇒해골 방망이[왼쪽], 마
하락슈미⇒연화蓮華[왼쪽])을 들고 있다. 여기에서도 특징 있는 지물을
든 손은 정해져 있다.

이러한 버팀목에 배치되어 있는 팔모신과 여덟 바이라바의 상像은,
베라첸 사원의 조상彫像 양식과 비교해 보면 적잖이 〈단단한〉 인상을
주는데 카트만두 사원에서 볼 수 있는 버팀목의 전형이다. 요컨대 팔 이
외의 부분은 모두가 버팀목의 폭 속에 들어가 있고, 팔만을 버팀목 밖으
로 내놓고 있는 것이다. 단지 뒤에 서술되어 있는 표 7에서 볼 수 있듯

258 파탄 다르바르 스퀘어의 물 쵸크 남쪽 날개. 작은 탈레쥬 사원의 토대 부분.
     사진을 보는 쪽에서 오른쪽에 여신 야무나 강, 왼쪽에 갠지즈 강.

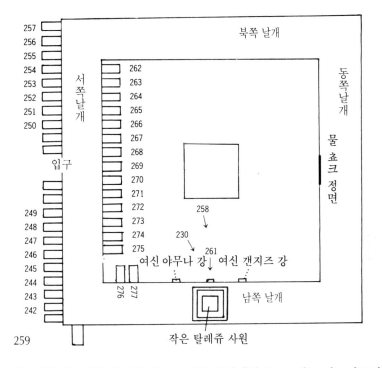

257
256
255
254
253
252
251
250

서쪽 날개

입구

249
248
247
246
245
244
243
242

259

북쪽 날개

262
263
264
265
266
267
268
269
270
271
272
273
274
275

258

230

261

여신 야무나 강 ↓ 여신 갠지즈 강

276 277

남쪽 날개

작은 탈레쥬 사원

동쪽 날개

물 쵸크 정면

이, 이곳 팔모신들의 신체색만이 다른 사원에서 볼 수 있는 팔모신들의 신체색과 다르다.

이 물 쵸크의 입구인 서쪽 정면의 팔모신과 여덟 바이라바의 뒤, 즉 물 쵸크 서쪽 날개의 동측에도 모신과 바이라바의 버팀목이 있다.(그림 258~277) 여기서도 팔모신과 여덟 바이라바가 물 쵸크의 중심 부분인 동쪽 날개에서 가장 멀리 떨어진 곳에 위치해 있는 점에 주목해야 할 것이다.(그림 258)

물 쵸크 안뜰의 탈레쥬Taleju와 팔모신

259 물 쵸크 배치도.

260

파탄 시의 옛 왕궁 물 쵸크Mul Chowk 안뜰에는 벽돌이 쭉 깔려 있고, 여기저기에 희생물을 묶는 말뚝이 세워져 있다. 이 안뜰도 다른 사원의 안뜰이나 본당 내부와 마찬가지로 1단으로 낮게 만들어져 있다. 즉 주위의 건물은 50센티미터 정도 높이의 기단基壇 위에 세워져 있는 것이다. 이곳은 예전의 파탄 왕가의 의례 장소이며, 희생제犧牲祭나 무도舞蹈가 행해졌으리라고 생각된다.

이 안뜰을 에워싸고 사방으로 건물이 있는데, 그 남쪽 건물(날개) 중앙에는 〈작은 탈레쥬 사원〉이 있다. 이른바 〈커다란 탈레쥬 사원〉은 이 쵸크의 북쪽에 있는(그림 082) 탈레쥬 사원의 중심부에는 말라 일족이 선택한 사람들 이외에는 들어갈 수 없다고 말하고 있다. 〈작은 탈레쥬 사원〉의 상부는 물 쵸크 서쪽이 벽 너머로 보이며,(그림 240) 이 사원

260 작은 탈레쥬 사원의 입구.(그림 258의 부분)
261 차문다의 모습을 한 탈레쥬 여신. 작은 탈레쥬 사원 입구에서 볼 수 있다.
　　(그림 260의 중앙 부분)

261

262 차문다. 인간(아귀?)을 탄다. 신체는 살색.

263 말을 탄 바이라바. 신체는 청색.

264 인드라니. 코끼리를 탄다. 신체는 황색.

265 개를 탄 바이라바. 신체는 황색.

266 바라히. 물소를 탄다. 신체는 살색.

267 뱀을 탄 바이라바. 신체는 흰색.

268 바이슈나비. 가루다조를 탄다. 신체는 녹색.

269 가루다조를 탄 바이라바. 신체는 녹색.

270 카우마리. 공작을 탄다. 신체는 살색.

271 산돼지를 탄 바이라바. 신체는 청색.

272 루드라니. 소를 탄다. 신체는 백색.

273 개를 탄 바이라바. 신체는 붉은색.

274 브라흐마니. 한사조를 탄다. 신체는 황색.

275 사체死體를 탄 바이라바. 신체는 황색.

276 마하락슈미. 신체는 녹색.

277 시바의 비, 히말라야의 딸 파르바티.

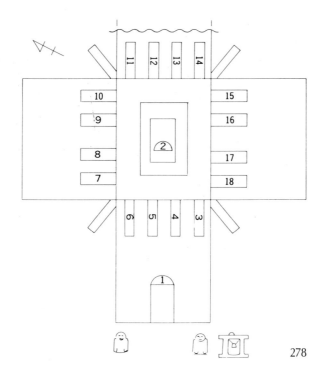

278

하부 및 입구는 그림 258에서 볼 수 있다. 문의 가로(橫) 격자格子로부터 내다보는 것만으로는 이 사원의 일층 구조는 잘 알 수 없지만, 이 문과 마주한 우측에는 거북을 승물로 한 여신 야무나 강, 맞은편 좌측에는 악어를 승물로 한 여신 갠지즈 강의 像이 배치되어 있다.

〈작은 탈레쥬 사원〉의 문 토라나에 있던 像은 삼체三體이지만 오늘날에는 볼 수 없는데,(그림 260) 토라나와 문 사이에 꽤 작은 릴리프가 남아 있다.(그림 261) 이 像은 칼리의 모습을 한 탈레쥬이다. 문 위에 걸려 있는 것(그림 260)은 산제물이 된 동물의 내장이다.

물 쵸크의 안뜰에는 수십 개의 버팀목이 안뜰의 내측을 향하여 나란히 있다. 서쪽 중앙 입구로 들어가는 정면, 즉 동쪽이 물 쵸크의 중심이

---

278 오라크 가네슈Olakhu Ganesh 사원 배치도(표 8 참조)[88]'
　　1 가네샤를 중존으로 하는 토라나. 2 가네샤. 3 마하락슈미. 4 인간을 탄 바이라바.
　　5 브라흐마니. 6 사자를 탄 바이라바. 7 마헤슈바리. 8 개를 탄 바이라바.
　　9 카우마리. 10 산돼지를 탄 바이라바. 11 바이슈나비. 12 가루다조를 탄 바이라바.
　　13 바라히. 14 뱀을 탄 바이라바. 15 인드라니. 16 소를 탄 바이라바.
　　17 차문다. 18 말을 탄 바이라바.

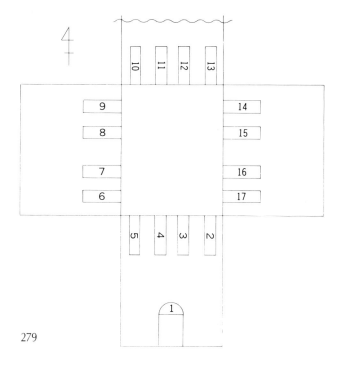

279

며, 이 동쪽의 버팀목에는 시바의 비妃로도 생각되는 두르가, 시바, 시바의 아들들인 가네샤와 카르티케야상像이 말해 주듯이 시바계 힌두 판테온의 중심적 멤버의 상像들이 나란히 늘어서 있다.

이 동쪽 정면과 마주 보듯이 하여 서쪽 날개의 동측에 팔모신상이 세워져 있다. 그녀들의 배치는 일렬로 세워질 때의 인도적 전통, 즉 마주 보아서 왼쪽, 그녀들 쪽에서는 오른쪽 끝에 브라흐마니가 위치한 방향을 따르고 있다. 서쪽 날개의 서측 버팀목(그림 242~257)과 동쪽의 버팀목(그림 262~277)은 분명히 양식도 작자도 다르다고 생각되지만, 그림 259에서 볼 수 있는 것처럼 배치는 일치한다. 그러나 이 배치는 다른 사원, 예를 들면 울만타(그림 221)라든가 낙살(그림 283)과는 다르다.

<hr>

279 이카라크 바이라브Ikhalakhu Bhairab 사원 배치도(표 9 참조)[89]
  1 바이라바를 중존으로 하는 토라나. 2 카우마리. 3 산돼지(?)를 탄 바이라바.
  4 바이슈나비. 5 가루다조를 탄 바이라바. 6 바라히. 7 뱀을 탄 바이라바.
  8 인드라니. 9 소를 탄 바이라바. 10 차문다. 11 말을 탄 바이라바.
  12 마하락슈미. 13 인간을 탄 바이라바. 14 브라흐마니. 15 사자를 탄 바이라바.
  16 마헤슈바리. 17 개를 탄 바이라바.

존상尊像의 배열과 의례 행위

물 쵸크 서쪽 정면의 팔모신은 이미 서술한 것처럼, 마주 보아 왼쪽 끝의 두번째부터 브라흐마니・루드라니・카우마리・바이슈나비・바라히・인드라니・차문다・마하락슈미의 순서로 일렬로 세워져 있다. 그리고 여덟 바이라바가 좌측으로부터 쌍을 이루며 배열되어 있다. 이 팔모신의 배열방식은 팔모신상을 마주 보고 서 있는 한, 앞에서 서술한 베라쳰 등의 사원의 경우와 다르다. 즉 이 세 개의 층탑의 경우에는 층탑의 중앙을 중심으로 오른쪽으로 돌면서 브라흐마니・루드라니・카우마리・바이슈나비・바라히・인드라니・차문다・마하락슈미의 순서를 볼 수 있지만, 물 쵸크 또는 뉴델리 국립박물관의 칠모신상에서처럼 일렬로 나란히 있을 때에는, 마주 보아서 왼쪽으로부터 오른쪽으로 하나하나 열거하게 되면 앞의 순서는 이해할 수 없게 된다. 물 쵸크 서쪽 정면의 벽은 안뜰을 에워싼 바할 형식의 외측이지만, 물 쵸크 안뜰 서쪽의 건물(이 서쪽의 벽을 〈서쪽 정면〉이라 부를 수 있다) 동쪽에는 팔모신과 〈칠인〉의 바이라바상이 일렬로 나란히 있다. 이 경우도 안뜰에 세워진 팔모신상을 보면, 마주 보아 왼쪽으로부터 마하락슈미・브라흐마니・루드라니・카우마리・바이슈나비・바라히・인드라니・차문다의 순서로 배치되어 있다. 이 순서는 서쪽 정면의 경우와 동일하다. 이와 같이 층탑의 버팀목에 배열되는 경우와, 일렬로 나란히 세워질 경우에는 배열방식의 〈방향〉이 달라지는 것이다.

그러나 층탑의 사방에 배치된 팔모신은 층탑 중앙을 중심으로 하여 브라흐마니・루드라니・카우마리・바이슈나비……의 순서로 항상 오른쪽으로 돌아가면서 배치되어 있는 것은 아니다. 이미 본 바와 같이, 바차레슈바리의 경우에는 왼쪽으로 돌아가면서 있다. 사원의 밖으로부터 보는 한, 이 사원에서 배열된 순서방식은 일렬로 배열된 인도 전래의

280

전통과 합치한다고 말할 수 있다.

　이와 같은 배열방식의 차이는 존상尊像이 어떠한 공간에 놓여 있는가, 예배자가 그 존상尊像에 대해서 어떠한 행위를 한다고 생각되어지는가 등의 문제와 관계가 있다고 생각된다. 층탑 사방의 버팀목에 배치되어 있는 팔모신은 분명히 층탑 중앙의 중존中尊을 지키고 있거나, 또는 그것을 에워싸고 있다. 층탑은 일반적으로 예배자가 그것을 우요右繞(존상을 중심으로 오른쪽으로 돌기)하는 것을 전제로 하여 만들어졌다. 따라서 층탑을 오른쪽으로 도는 사람들은, 베라첸이나 이카라크에서는 브라흐마니・루드라니・카우마리……라고 하는 순서로 팔모신을 보게 된다. 바차레슈바리의 경우에는 이 사원을 기피하여〈좌요左繞〉라고 하지 않는 한 브라흐마니(마하락슈미)・루드라니・카우마리……

의 반대 순서로 팔모신을 보게 된다.

인도에서는 칠모신의 중앙에 바이슈나비가 있고, 삼존三尊씩이 곁에 있다고 생각되기도 한다. 적敵을 멸망시키고자 할 때에는 중앙에 브라흐마니를 두고, 인구 증가를 바랄 때에는 차문다를 중앙에 두고 예배했다고 한다.[91] 이처럼 일렬로 나란히 칠모신이 숭배의 대상이 될 때에는, 중앙의 신격神格이 〈성성聖性의 도〉를 강조하게 된다. 그러나 카트만두에서는 이와 같은 예배형식은 일반적이 아니다. 카트만두에서는 팔모신이 일반적이지만 중존中尊은 될 수 없다. 하지만 칠모신상이 다킨 칼리Dakshin Kali 사원에서처럼 일렬로 나란히 있는 경우에도 칼리를 주존主尊으로 하고 있는 것처럼, 칠모신 또는 팔모신은 좀더 〈성성聖性의 도〉가 강한 신, 예를 들면 칼리·두르가 등을 에워싸고 있는 것이 많다.

엄청나게 많은 종류의 신들로 구성된 네팔의 힌두 판테온 안에서, 오늘날에도 여전히 팔모신과 여덟 바이라바는 중요한 신격神格의 그룹으로서 〈살아〉 있다. 팔모신의 도상학적 특징은 그 긴 역사를 반영하고 있음인지 네팔에서도 인도의 전통을 대부분 지키고 있다. 여덟 바이라바는 팔모신의 경우만큼은 아니지만, 거의 고정된 이미지를 유지하고 있다고 생각된다. 이들 16존은 인도의 전통을 계승하면서도, 층탑이라고 하는 네팔 특유의 조직적 세계(코스모스)의 일부에 편입되어, 그곳에 알맞은 주거지를 얻어 오늘에 이르고 있는 것이다.

제6장

여신들의 코스모스
The Cosmos of Goddesses

비로차나

281 루드라니

낙살 바가바티 사원의 층탑

예전의 카트만두 시 동쪽 북단으로 생각되는 낙살Naksal 지구에 〈낙살 바가바티Naksal Bhagavati〉라고 불리우는 사원이 있다. 〈바가바티 Bhagavati〉(Bhagavan의 여성형으로 락슈미 여신, 또는 두르가 여신을 나타낸다—역주)란 여신의 의미인데, 여기에서는 두르가 즉 〈물소의 마신을 살해한 여신〉을 가리키고 있다.

이 사원의 주요한 건조물은 버팀목으로 지탱되는 삼중三重 지붕을 가진 층탑이다.(그림 282) 1층의 지붕을 지탱하는 버팀목에는 팔모신과 여덟 바이라바의 일면사비상一面四臂像을 볼 수 있다.[92] 요컨대 이 층탑 전체가 팔모신과 여덟 바이라바에 의해 에워싸여 있다고 생각할 수 있다. 또한 이 탑 1층의 사면四面에는, 11장의 벽화(프레스코)를 끼워 넣어 두었고,(그림 284~294) 시바신이며 사령死靈(부타)의 모습이 그려져 있다.[93] 이 층탑은 언뜻 보아 신들의 입체적인 집적集積이라는 것을 알 수 있다. 그 쌓아올려진 신들 중에서 모신들은 가장 〈아래〉이며 〈주변〉에 위치해 있다.

낙살 바가바티 사원의 팔모신상八母神像

이 층탑의 팔모신과 여덟 바이라바의 상像은 모두 일면사비一面四臂 (하나의 얼굴에 팔이 네 개)이며, 각각의 오른쪽 첫번째 팔은 두개골 잔을 들고, 왼쪽 첫번째 팔은 길상인吉祥印을 맺고 있다. 좌우 두번째 팔의 지물은 표 5와 같은데, 이러한 지물은 카트만두의 팔모신상이 쥐고 있는 지물의 전형이다.

표 5에서 팔모신상의 순서는 층탑에서 마주 보아 정면 오른쪽 끝으로

---

282 낙살 바가바티 사원.[94] 1984년 8월. 1988년부터 89년에 걸쳐 이 층탑 주변에 콘크리트 담벽이 만들어져서 층탑을 에워싸듯 〈10모신〉의 콘크리트 릴리프가 있다.

[표 5] 낙살 바가바티 사원의 팔모신 좌우 두번째 팔의 지물

그림 번호	모신 이름	오른쪽 두번째 팔의 지물	왼쪽 두번째 팔의 지물
015	루드라니	다말북	삼지창
017	카우마리	염주	짧은 창(샥티)
019	차문다	칼	방패
021	바라히	갈고리	물고기
023	마하락슈미	칼	방패
025	바이슈나비	원반	법라패
027	인드라니	금강	우산
029	브라흐마니	염주	경함經函

부터 오른쪽으로 도는 순서에 따랐다.(그림 283) 여덟 바이라바상像의
순서도 그림 283(그림 015~030)에 기록되어 있는 대로이지만, 각각의
바이라바상에는 이름도 없고 명칭도 분명치 않다. 어느 모신과 어느 바
이라바가 쌍을 이루는지가 분명하지 않은 것은, 이미 앞장에서 고찰한
바와 같이 카트만두에서는 오히려 일반적이다. 어쨌든 우리들에게 있어
서 중요한 것은 이 사원이라고 하는 코스모스가 팔모신과 여덟 바이라
바에 의하여 에워싸여 있다는 점이다.

층탑이라는 코스모스

낙살 바가바티 사원의 버팀목은 다른 층탑의 경우와 마찬가지로, 분
명히 이 사원의 중존中尊인 두르가 여신을 에워싸고 있는 것처럼 부착

---

283 낙살 바가바티Naksal Bhagavatī 사원 배치도.
    015 루드라니.   020 뱀을 탄 바이라바.
    016 바이라바.(승물은 불명)   021 바라히.
    017 카우마리.   022 말을 탄 바이라바.
    018 사자를 탄 바이라바.   023 마하락슈미.
    019 차문다.   024 인간(아귀?)을 탄 바이라바.

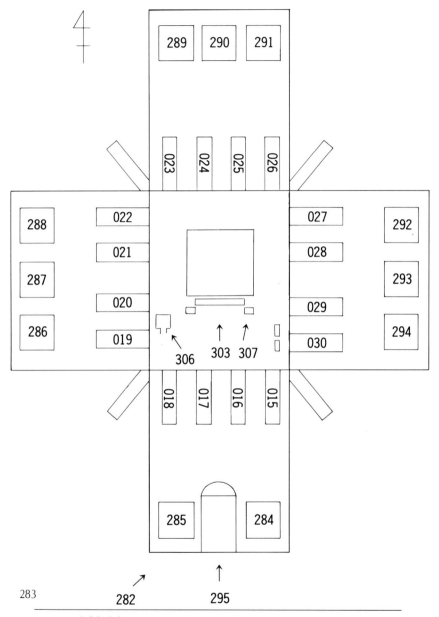

025 바이슈나비.
026 개를 탄 바이라바.
027 인드라니.
028 가루다조를 탄 바이라바.
029 브라흐마니.
030 산돼지(?)를 탄 바이라바.

284

되어 있다. 이 사원 아래에 서서 올려다보면, 모신과 바이라바 들은 우
리들을 내려다보고 있다. 그러한 한계 속에서 그들의 상像은 충탑 밖에
서 보는 사람들을 의식하여 만들어져 있다. 그렇지만 이 충탑 안에서는
본존本尊을 제사지내고 있으며, 뒤에서 고찰하듯이 그 앞에서 인간이
의례를 행할 수 있도록 이 사원은 설계되어 있다. 따라서 사원 안에 들
어간 사람들은 실제로는 벽에 가리워져 볼 수 없지만, 팔모신의 뒷모습
을 〈보게〉 된다. 그 사람을 에워싸고 있는 팔모신의 배열 순서는 사원
밖에서 보는 경우와 다르게 나타난다. 이 점은 사원 밖에 있는 사람과
팔모신의 관계가 사원 안에 있는 사람과 팔모신과의 관계는 다르다는
점을 의미하고 있다고 말할 수 있다.

　도대체 이러한 팔모신들의 상像은 누구에게, 또는 무엇을 향하여 만들

---

284 죽은 영혼.(범어=부타) 그림 284~294는 충탑 1층의 벽화.(그림 282 · 283 참조)
　　1982년 8월.
285 부타로 변장한 시바와 해골존.(칸카라)
286 죽은 영혼. 붙어 있는 종이는 선거용이다.

285

286

287 마하락슈미

288 죽은 영혼(네팔어=캬크, 네와르어 캬)

289 죽은 영혼으로 변장한 시바

290 마헤슈바리

291 해골존

292 마하칼리(?)

293 갠지즈 강을 머리로 막아내는 시바

294 비라바드라의 모습을 한 시바

어진 것일까. 사원에 참배하러 오는 사람들을 의식하여 만들어졌다는 점은 의심할 수 없을 것이다. 그러나 그것뿐만은 아니다. 팔모신은 여덟 바이라바와 함께 여신 두르가를 중심으로 하는 하나의 통일체의 주변에 위치해 있는 것이며, 두르가를 중심으로 하는 코스모스를 수호하고 있다고 생각된다. 네팔의 만다라에서는, 팔모신과 여덟 바이라바가 그 가장 바깥 둘레에 종종 등장하고 있다.[95] 그렇다고 하면, 이와 같은 팔모신상은 중심의 신격神格인 두르가를 의식하고 만들어진 것이라는 점도 부정할 수 없다. 이처럼 낙살 바가바티 사원의 팔모신상은 이 사원이라고 하는 하나의 코스모스 속에서 여러 가지 기능을 수행하고 있는 것이다.

문제는, 예를 들면 사원이라고 하는 코스모스가 형태를 갖는 것이라는 점, 따라서 구조를 갖는 것으로 만들어낼 때, 그 구조 자체와 그 구조를 만들어내는 갖가지 요소가 어떠한 관계에 있는가 하는 점이다. 예를 들면 낙살 바가바티 사원이라고 하는 코스모스는, 그 하나의 〈요소〉이기도 한 층탑이라고 하는 기초적인 형태 안에 팔모신상이나 두르가 여신상, 더 나아가서는 의례를 위한 용구라고 하는 〈요소〉도 지니고 있다. 사원이라는 하나의 코스모스 구조에서 그러한 요소가 어떻게 작용하는가 하는 점이 분명해진다면, 네팔의 사원 양식様式뿐만 아니라 네팔의 종교 양식, 더 나아가서는 네팔 종교의 본질에까지 다가갈 수 있을 것이다.

낙살 바가바티 사원의 1층 벽의 사방에서는 11개의 벽화를 볼 수 있다.(그림 284~294) 시바 및 마하락슈미의 그림과 함께 혀를 내밀고 커다란 북과 같은 배를 내민 볼품 없는 부타(죽은 영혼)와 해골존骸骨尊이 그려져 있다. 정면의 문은 도금을 한 구리(銅)의 부조浮彫로 장식되어 있고, 그 위에는 반달 모양의 토라나가 있다.(그림 296) 중앙의 두르가상(그림 303)을 에워싸고 이 반달의 토라나 위쪽에는 가루다새가 날개를 편 모습으로 묘사되어 있다. 오천구烏天狗(얼굴이 붉고 코가 높으며 신통력이 있어, 하늘을 자유로이 날면서 심산에 산다는 상상적 괴물—

역주)와 비슷한 가루다새는 양발에 두 마리의 뱀을 움켜쥐고 있는데, 뱀의 신체는 활 모양을 그리며 좌우 아래로 처져 있다. 그곳에는 바다 짐승 마카라Makara가 악어처럼 입을 벌리고 있다. 토라나는 이처럼 하늘과 바다와 〈원초적 우주를 에워싼 뱀〉의 상징이다. 대부분의 사원에서 볼 수 있는 이러한 토라나는 사원과 우주가 상동관계에 있다는 것, 또는 우주 그 자체라는 점을 나타내고 있다.

정면 문의 좌우에는 용녀龍女의 작은 청동상이 설치되어 있고, 그 아래에는 두 마리의 박견狛犬(사자)이 놓여 있다.(그림 229 · 301) 버팀목이 지붕을 지탱하고 정면 문 위에 토라나가 있으며, 문 좌우에 용녀龍女와 박견狛犬의 상像이 있다고 하는 것은 네팔에 있는 층탑의 전형이다.

이 사원은 결코 거대한 건조물建造物은 아니다. 층탑을 구성하는 여러 가지 요소의 종류나 수도 그다지 많다고는 할 수 없다. 그럼에도 불구하고 이 사원이 갖추고 있는 구조는 활성活性으로 가득차 있는 것이다. 버팀목에 조각된 신들과 벽에 묘사되어 있는 우스꽝스러운 악마들은 층탑이라고 하는 공간의 주인들이다. 그들은 층탑이라고 하는 〈건축공간〉의 가장 바깥측에 위치하므로써, 층탑을 밖에서 보는 자에 대해서는 층탑이라고 하는 코스모스의 가장 바깥측의 〈막幕〉 위에 비춰진 상像이 된다. 그 상像은 또한 탑 속에 들어간 자에게 있어서는 플라네타륨 Planetarium(영사기로 둥근 천정에 천체의 운행 상황을 비춰 보이는 장치—역주)의 돔Dôme(둥근 천정)에 비치는 별자리와 흡사하게 된다.

바가바티 사원의 여러 가지 요소는 중존中尊인 두르가 여신상과의 인력관계 속에 있다. 코스모스에는 항상 중심이 있다. 중심이 없는 것은 카오스(혼돈)이지 코스모스는 아니다. 코스모스의 중심은 주변을 바짝 끌어당기려고 하는 한편, 자기로부터 더욱더 먼 곳으로 떼어놓으려고 한다. 주변도 중심으로 다가가려고 하는 한편, 중심에서 떨어지려고 한다. 코스모스의 중심과 주변은 이와 같이 상반된 두 가지 방향을 지닌 벡터Vektor(크기와 방향을 가진 양—역주)의 동태에 의해 지탱되고 있는 것이다.

그런데 팔모신과 두르가 여신과의 관계는 지극히 유동적이다. 전통적인 신화에 의하면 이 모신 그룹은 두르가 여신을 도와 주는 것이며, 힌두교의 판테온 속에서는 분명히 두르가 여신 쪽이 〈성성聖性의 도〉가 강하다. 그러나 때로는 두르가도 팔모신도 모두가 대여신(마하데비)의 발현이라고 일컬어진다. 그 경우 팔모신은 두르가와 대등한 힘을 갖는다. 여신들 사이의 이와 같은 유동적인 관계가 바가바티 사원 층탑의 구조를 한층 동적인 것으로 만들고 있다.

프라이부르크Freiburg의 뮌스터

서독일 남부 프라이부르크Freiburg에 가톨릭계의 뮌스터 사원이 있다. 고딕 양식의 이 사원 바깥 벽에는 가고일로 불리우는 빗물받이가 많이 부착되어 있다. 〈사탄Satan의 사자使者에게 어울리는〉 기괴한 모습의 동물 및 인간의 상像이 바깥측의 가장 윗부분에서 밖으로 돌출되어 있고, 어떤 것은 항문을 밖으로 내밀고 있다. 지붕을 타고 내려온 빗물은 이 기괴한 동물과 인간의 입, 또는 항문으로 떨어지는 것이다.

이 사원 건물의 외부에는, 가고일 외에 성자聖者로 생각되는 사람들이며 성모 마리아의 상像이 배치되어 있다. 사원의 내부에는 다른 가톨릭 사원과 마찬가지로 성모상聖母像을 중심으로 한 제단이 만들어져 있고, 주위에는 십자가를 짊어진 예수상 등이 안치되어 있다. 이 사원이 하나의 코스모스를 형성하고 있는 것은 분명하다. 네팔의 바가바티 사원의 팔모신과 여덟 바이라바가 조각된 버팀목과 마찬가지로, 뮌스터 사원의 가고일도 이 사원이 지니는 코스모스의 〈바깥 막幕〉이 되어 있다. 가고일의 의미는 일반적으로는 〈부정해야 할 쾌락〉이다. 그리스도교가 정복한 게르만의 토착적 세계의 신들이 그리스도교적인 코스모스

018　017　016　015

285　297　296　300　284

295　298　299　301　302

의 주변에 배치되어 있는 것이 가고일이라고도 해석되고 있다. 무서운 모습의 악마들은, 교회라는 코스모스를 공격하려고 하는 외적을 맞아 물리치기 위해 설치되어 있다고 생각할 수도 있을 것이다. 〈교회에 접근한 악마는 거울에 비친 자신의 모습과 같은 가고일에 놀라서 물러가는 것이다〉라는 설도 있다.

　낙살 바가바티 사원의 1층 벽에도 혀를 내민 죽은 영혼과 뼈뿐인 신체의 해골존骸骨尊과 같은 〈악마〉가 묘사되어 있고, 이 층탑 전체를 〈성스러운〉 코스모스로 만드는 한 요인이 되고 있다. 그렇지만 죽은 영혼 부타와 해골존 들은 시바와 비妃의 호위자들이거나 또는 〈추종자〉들이며, 가고일에 표현되어 있는 악마적 존재와는 훨씬 다른 존재이다.

　뮌스터의 가고일에 표현되어 있는 악마들과 신, 또는 성모와의 관계는 바가바티 사원의 죽은 영혼들과 두르가 여신의 관계와는 질이 다르다. 가고일로서 등장한 악마적인 존재는 결코 성모 마리아와 동일시된 적이 없고, 그리스도교의 판테온 속에서 중요한 위치를 획득한 적도 없

295 낙살 바가바티 사원 층탑의 1층 정면. 좌우 양쪽으로 앞으로 당겨 여닫는 문은 열려 있다. 네와르의 힌두교 사원에 벽화가 있는 경우는 희귀하지만, 이 사원 정면의 구도는 네와르의 힌두교와 불교 사원 본당 정면의 전형이다.

297

298

299

296

296 낙살 바가바티 사원 충탑 정면 문과 토라
297 나기(동녀)(그림 296의 왼쪽 중앙을 확대함
298 마하칼라(大黑)
299 사자(狛犬과 상등)

300

301

302

00 나기(동녀)
그림 296의 오른쪽 중앙을 확대한 것)
01 사자(狛犬과 상등)
02 가네샤

303

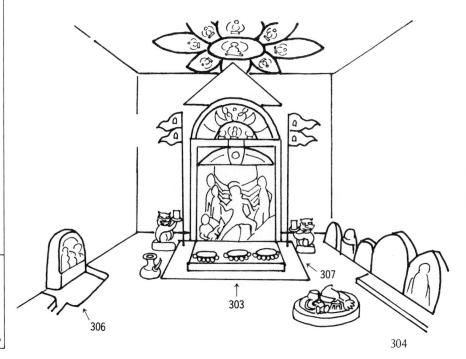

306

303

307

304

305

다. 그러나 네팔에서는 두르가 여신·팔모신·해골존은 오히려 서로 가까운 존재인 것이다.

뮌스터 사원을 보았을 때, 낙살의 바가바티 사원을 보았을 때의 인상과 대단히 흡사한 점이 많았지만 다른 점도 있었다. 하나의 코스모스 공간을 강렬하게 주장하고 있다는 의미에서는 양자는 비슷하게 닮아 있지만, 각각의 코스모스 중심과 주변과의 거리는 뮌스터에서는 무한히 멀고 카트만두에서는 유동적이라는 것이 특징이다.

코스모스를 향한 강렬한 의지

303 낙살 바가바티 사원 층탑의 내부에 있는 두르가 여신상. 11세기의 것이라 한다. 푸쟈 (공양제) 때에 쿤쿠마 가루를 칠하거나, 물로 깨끗이 씻어내렸기 때문인지 상당히 마멸되어 있다. 이 상에 대한 푸쟈에 관해서는 그림 308~313 참조.
304 낙살 바가바티 사원 층탑의 내부. 1988년 8월.[96] 1979년 수복공사에 의해 내부의 구조가 꽤 간단하여졌다.
305 층탑 1층의 천정에서 볼 수 있는 여덟 꽃잎 모양의 패널. 중앙은 두르가 여신. 주위에

306

　일본 고래의 종교 형태를 가장 잘 전하고 있는 고신도古神道에서는
원래 신들을 도상圖像으로 표현하지 않았다. 〈뭇신들〉로도 불리우는
것처럼 판테온의 존재를 생각나게 하지만, 그들의 모습에 관한 지知의
체계는 없는 것이다. 이세신궁伊勢神宮을 시작으로 하는 일본의 신사神
社는 신이 거주하는 저택이기는 하지만, 네팔에서처럼 신들이 모여 있
지는 않다. 그 〈바깥 막幕〉에 신들의 도상이 표현되어 있는 것은 없고,
숭배하는 사람들도 그와 같은 의식을 갖고 있지 않다.

　이것은 신도神道의 신사神社에 한정된 것이 아니다. 일본의 불교 사
원 양식과 네팔 및 인도・티베트의 그것들을 비교해 보면, 신들의 도상
圖像에 관한 관심의 정도는 일본 쪽이 낮다. 특히 바깥 막에 관한 관심
이 낮고 사원의 바깥측을 존상尊像으로 장식하는 일은 하지 않는다. 교

는 팔모신상이 있다. 1978년 12월.
306 층탑의 1층. 두르가 여신상을 마주 대하는 좌측, 즉 서쪽에서 볼 수 있는 요니의 상
　　징. 1978년 12월.

307

토(京都)의 33칸 당당(堂)은 1천 체체(體)에 가까운 관음상관음상(觀音像)을 안에 지니고 있지만, 당당(堂) 자체는 직선으로 이루어져 눈에 띄게 간소한 건물이다. 네팔의 사원 건축가가 본다면 어떻게 생각할까. 그들이라면 3분의 1의 관음상을 밖으로 내어서 바깥측을 장식할지도 모른다.

　일반적으로 말해서, 일본의 신사(神社) 또는 사원의 건축 양식에는 강렬한 코스모스 의식은 없는 것으로 생각된다. 각각의 세계의 경계를 명확하게 의식하고, 그 세계의 공간의 형태를 외부에 대하여 확고하게 주장한다고 하는 정신은 일본인에게는 친숙하지 못한 것이다. 그러나 인도·네팔 그리고 유럽은 우주 공간 또는 각각 개체의 세계인 자기 공간을 폐쇄하는 것, 따라서 다른 것과 구별되는 것으로서 주장해왔다. 그러므로 요가 행자는 자기의 정신에서 자기와 우주와의 합일을 감득할 수

---

307 두르가 여신상의 오른쪽. 방울이 내려뜨려져 있고, 푸쟈 도구가 놓여 있다.
　　1978년 12월.

308

있었던 것이다. 우주 혹은 코스모스를 하나의 통일되어 있는 것, 파악 가능한 것으로 생각하지 않는 사람들에게 있어서, 우주 원리 브라흐만 (梵)과 개체아個體我 아트만과의 합일을 경험한다는 것은 불가능하다.

우주 원리 브라흐만은, 인도적 전통에 있어서는 가장 대표적인 〈성스러운 것〉이며, 그것과 그 대극對極인 개체아個體我 아트만과의 합일이 야말로 이 전통에 있어서 〈성스러운 것〉과 〈속된 것〉의 이극二極을 의식한 합목적적 행위의 전형이다. 그 실현을 목표로 하는 대표적 종교 실천이 요가이다. 인도 전통의 이 측면을 이어받은 네팔과 티베트의 탄트리스트들은, 우주 그 자체의 도상화인 만다라를 보조 수단으로 하면서 우주와 자기의 합일을 완성하려고 했다. 이와 같은 종교적 의미에 있어서 특별히 인도적 전통의 근간에 있는 것은 우주(코스모스), 혹은 자기

308 두르가 여신을 위한 푸쟈가 시작된다. 푸쟈의 보조역을 맡은 여성이 여신에게 올릴 화환을 준비하고 있다. 1987년 8월 8일. 11시 7분.

309

공간의 구조성, 양자의 근원적 상동성이다.

낙살의 바가바티 사원은 여신 두르가를 중심으로 하여, 여신들과 그 패거리를 주위의 바깥 막에 배치한 하나의 코스모스이다. 인도적 전통에서는 이 사원은 실제로 자기라고 하는 코스모스의 표현이기도 하다. 이 사원이라는 한정된 공간 구조는 한편으로는 우주의 상징이며, 다른 한편으로는 자기의 상징이기도 하다. 여기에서 사람들은 이 사원이라는 세계를 자기 속으로 받아들임과 동시에 그 결과로서 수용할 자기를 이 사원의 모든 공간으로 해방시킨다. 물론 이것은 네팔의 다른 사원에도 적용된다. 앞에서 서술한 바와 같이 이 토지의 사원은 그와 같은 실천에 어울리는 공간 구조를 지니고 있다. 인도에서는 힌두교에 있어서나 불교에 있어서도 개체가 지향하는 것은 질서 세계로서의 전체이며, 전체

---

309 푸쟈리(당지기)가 여신상에 황색 가루(쿤쿠마)를 바른다. 이것은 여신을 장엄케 하는 행위이지만, 이 장식을 통하여 이 당 속에 여신을 현현시키는 것이다. 11시 8분.

310

311

312

313

314

라고 하는 〈성스러운 것〉이었다. 충탑은 그와 같은 질서 세계의 구체적
인 표현이라는 점에서 훌륭한 것이었다. 네팔 불교가 그와 같은 인도의
전통을 오늘날까지 전하고 있는 것을 이 엄청난 수의 충탑이 말해 주고
있다.

바가바티 여신을 위한 공양(푸쟈)

〈바가바티〉는 일반적으로 두르가 여신을 의미하고, 낙살 바가바티
사원의 경우도 그림 305에서 볼 수 있는 것처럼 〈바가바티〉는 〈물소의
마신을 죽인 여신〉(마히샤스라마르티니)의 모습을 한 두르가 여신을 가

---

310 장식이 끝난 여신에게 합장하는 푸쟈리.(당지기)
   이 푸쟈리는 네와르인으로 맛라 가계에 속한다. 11시 11분.
311 푸쟈리는 여신에게 컵에 부은 우유를 공양한다. 황색 가루·화환·우유 등은 모두
   여신을 위한 공양물이다. 11시 30분.
312 쟁반 위에 준비해 둔 공양물을 푸쟈리가 여신에게 올린다. 11시 35분.
313 여신을 위한 공양이 끝날 무렵에, 참배자가 접시에 담은 공양물을 들고 와서 보조

315

리키고 있다. 〈바가〉란 원래는 〈각각 받는 분량〉을 가리키고 있으며, 그 뜻이 바뀌어 〈은혜〉의 의미가 되었다. 《리그 베다》에서 남성 명사 〈바가반〉(은혜를 치닌 〈주는〉 자)이란 인드라 등의 신을 의미하는 동시에 〈제사祭司들에게 은혜(사례)를 드리우는 왕족 등의 제주(施主)〉를 의미한다. 후세에 〈바가반〉은 힌두교에서는 비쉬누 등의 신을, 불교에서는 세존世尊 즉 불타를 의미한다. 이처럼 〈바가반〉의 여성형 〈바가바티〉는 문자 그대로는 〈은혜를 주는 여성〉을 의미한다. 탄트리즘에서는 〈바가〉는 여성 성기를 의미하고, 남신男神 또는 불타가 마땅히 머무르게 되는 비밀의 자리를 의미한다.

그런데 낙살 층탑은 팔모신과 여덟 바이라바가 1층 지붕을 지탱하고 있는 버팀목에, 가네샤와 카르티케야 등이 2층을 지탱하고 있는 버팀목

역의 여성에게 건네준다. 11시 37분.
314 두르가 여신을 위한 푸쟈가 끝난 후, 푸쟈리는 층탑 정면 문의 토지신(쿠세트라파라, 네와르어 발음으로는 체토라파라)에게 푸쟈를 행한다. 이 토지신을 제사지내는 장소는 지금은 도로 중앙이 되어 있지만, 이전은 이 사원 내부에 있었다고 생각된다. 11시 38분.
315 토지신을 위한 푸쟈를 끝낸 후, 푸쟈리는 본당으로 되돌아와서 본존 이외의 신상

에 배치되어 있고, 속에는 바가바티 여신을 포함하고 있는데 이 층탑의 중요한 기능은 의례를 위한 공간이 되는 것이다. 층탑 속, 또는 그 주위에서 의례 행위가 없다면 종교 건축으로서 층탑의 기능은 불완전한 것이다. 목재와 돌 더 나아가서는 철재에 의해 만들어진 층탑의 구조는 구석구석까지 상징 의미가 깃들어 있다. 그 의미를 의례 행위가 〈연출하는〉 것이다. 〈연출하는〉 것이란 전통적으로 정해진 의례 순서에 따라서, 그 상징 의미를 명확하게 하는 것이다. 다만 의례에 참가하는 사람들 사이에는 상징 의미를 이해하는 정도는 다르다. 의례를 집행하는 자, 예를 들어 승려는 그 의례의 행위 하나하나에 깃들어 있는 의미를 알고 있는 경우가 많다. 그렇지만 일반 신자信者, 예를 들면 공양물을 가지고 사원에 찾아오는 사람은 사원의 공간 또는 의례 행위의 순서에 어떠한 상징 의미가 있는지를 거의 알지 못한다. 승려나 사제司祭조차 의례 행위의 순서를 요약해서 기억하고 있는 경우도 있다. 이처럼 상징 의미의 이해의 정도가 다르다고 하더라도, 정해진 순서에 따라서 전통 가운데 인정되어 온 도구를 사용하여 의례 행위가 이루어지고 있는 한, 그 행위 형태를 에워싸고 있는 공간 즉 사원은 기능을 계속한다. 그렇지만 상징 의미를 이해하는 사람도 없고, 의례 행위의 순서조차 알지 못하는 사람만 있다면, 사원은 이미 사원이 아니다. 사원이라는 코스모스에 있어서, 그 안에서 행해지는 의례는 코스모스 속의 에너지를 순환시키는 역할을 한다. 즉 의례는 사원이라는 신체의 〈심장〉인 중존中尊에 〈피〉를 보내주는 힘을 지니는 것이다.

낙살 바가바티 사원은 물소 마신을 죽인 여신, 즉 두르가를 제사지내고 있으며, 두르가는 때때로 피의 봉헌奉獻을 필요로 한다. 그러나 이 낙살의 사원에서는 동물의 희생은 행해지지 않고, 황색 가루(쿤쿠마)와 적색 가루(신두라)·꽃·우유·과일 등을 공양물로 하는 푸쟈가 행해지고 있다. 그림 308~315는 그와 같은 공양의 경과를 나타내고 있다. 이것은 매주 한 번, 대부분의 경우 토요일 오전중에 1시간 남짓 걸려서

을 위한 푸쟈를 행한다. 이것으로 이날의 푸쟈가 끝난다. 11시 40분.

행해진다. 20분 정도로 끝나는 간단한 푸쟈는 매일 아침 7시부터 8시 사이에 행해진다.

푸쟈의 구조는 손님을 맞이하여 대접하고 손님이 돌아가는 것을 배웅하는 것과 같은 순서로, 신을 맞이하여 대접하고 신이 돌아가는 것을 배웅한다고 하는 것이다. 요컨대 자리를 내놓고, 발을 씻은 물과 입을 헹굴 물을 내놓고, 목욕시키고, 옷을 입히고, 그 다음에 식사를 내놓고, 마지막으로 돌아가는 것을 배웅한다고 하는 것이 일반적이다.[97] 이 낙살 사원의 경우에는 지금 서술한 바와 같은 순서로 푸쟈가 행해지고 있는 것은 아니다. 예를 들면 여신에게 옷을 입히는 행위는, 아마 여신상이 부조로 되어 있기 때문이겠지만, 실시되지 않는다. 어찌되었든 여신상을 장식한다고 하는 행위가 이 사원의 공간에 여신을 나타나게 하는 것이다.

푸쟈리(당지기)가 매일 아침 여신에게 푸쟈를 행한 후, 사람들은 부겐빌레아 등의 꽃과 잔디와 비슷한 두르와 풀 등을 접시에 얹어서 가지고 온다. 물의 존재를 상징하는 것같이 한 단 낮게 된 본당 내부로 내려와서 스스로 여신에게 공양물을 바친다. 사원에 따라서는 승려만이 신상神像에 직접 공양물을 올리는 것이 허용되며, 일반 참배자는 본당의 중심부로 들어가는 것이 허락되지 않는 경우도 있다. 어찌되었거나 승려 혹은 당지기, 또는 일반 참배자의 행위에 의해 이 층탑은 〈살아 있는〉 코스모스가 되는 것이다.

일본에서는 코스모스에 대한 지향이 그 정도로 강렬하지는 않다. 한정된 수의 원소에 따라 세계 구조를 설명하고 있다는 것은, 불교의 중요한 이론이기 때문에 경의를 나타내는 것이지 우리들이 자발적으로 원해서 하는 것은 아니다. 우리들은 종소리 속에서, 한 송이의 매화 속에서, 한 방울의 물 속에서 〈우주〉를 보려고 한다. 극한적으로 작은 자리에서 사상事象 속으로 몸을 던지고, 그것을 가능하다면 차지하고 있는 전체를 보려고 한다. 오히려 전체를 느끼려고 한다. 이와 같은 형태의 정신

316

에서는, 체계에 대한 존경이나 구조에 대한 열의는 생기지 않는다. 우리
들은 오늘날 자신들의 이러한 정신의 형태를 다른 나라의 전통과 비교
해서 생각해 볼 필요가 있을 것이다.

　오늘날 근대 이후에 기준이 되어 온 자기와 세계의 개념에 관해서, 우
리들은 근본적인 재검토를 추진하고 있다. 유럽적인 근대 이성理性에
입각하여 확고하게 확립되어 있다고 믿어왔던 〈자기〉에게 의심하는 마
음이 생기자, 한꺼번에 신비주의적인 해석으로 기우는 경향도 현저하
다. 〈지나치게 견고한〉 자기의 재검토에는 네팔 사원의 코스모스에서
보이는 중심과 주변의 유동적인 존재방식이 시사적일 것이다. 한편 코
스모스를 향한 강렬한 의지, 가능한 한 세계를 구조적으로 알아내려고
하는 이성적 노력은 신비주의로의 도피를 거부할 것이다.

---

316 공양물을 담은 접시를 들고 층탑을 오른쪽으로 돌며, 바가바티 여신에게 존경을 나타
　　내는 네팔 부인. 1984년 8월.

우리들이 잃어버리고 있는 자기 통각統覺(다양한 경험을 종합 통일하는 작용—역주)의 축을, 자기에게 매달리게 하는 것에 의해서가 아니라 〈자기〉의 흔들림에 의해서 발견하려고 할 때, 인도사상의 전통이 끊임없이 지녀온 자기와 우주의 상동성으로부터 배운다는 것은 그 의의가 있다고 생각된다. 코스모스란 결코 안정된 불변의 것은 아니다. 그것은 생성과 소멸이 그 속에서 동시에 발생하는 과정 그 자체이기 때문이다. 그 과정에 참여하는 노력은 우리들에게 자각적 통각統覺을 불러일으키고, 우리들이 비합리를 향해 도피해 들어가는 것을 막아줄 것이다.

낙살 바가바티 사원만이 아니라 이 분지에 있는 많은 사원의 경내에 설 때, 또한 파슈파티나트의 바차레슈바리 사원 곁을 흐르는 강 연안에 잠시 멈춰설 때, 그리고 신들의 조상彫像으로 가득찬 길거리에서 인파에 몸을 맡기고 걸을 때조차 일본적 전통 속에서 자란 나의 몸을 에워싸고 있는 코스모스를 느낄 수 있었던 것이다.

제7장

삶과 죽음을 포용한
여신 차문다

Goddesses Cāmuṇḍā : The Embodiment of Life and Death

317 마하락슈미

희귀한 구도의 여신상

　뉴델리 국립박물관의 후기 힌두교 미술실의 한쪽 구석에 차문다 여신상이 있다.(그림 318) 세로 64센티미터, 가로 32센티미터 크기의 짙은 녹색의 딱딱한 성질의 석상石像으로, 12세기 세나 왕조 무렵에 만들어졌을 것으로 여겨지고 있다.

　한 아름 정도의 이 돌덩어리는 복잡한 구조를 보여주는 한 세계를 표현하고 있다. 그것은 상중하의 세 부분으로 구성되었고, 상부에는 한 개의 굵은 나무 줄기가 있고, 그 줄기로부터 몇 개의 가지가 퍼져서 잎이 무성하다. 중앙부에는 한 사람의 여신이 앉았고, 코끼리의 생가죽을 등 뒤에 펼쳐놓고 있다. 여신의 왼쪽 다리는 연화좌蓮華座 위에, 오른쪽 다리는 연화좌로부터 밑으로 내려져 지면에 닿아 있다. 그 연화좌 아래에는 남편 시바신으로 생각되는 사람이 짓눌린 채 엎드려 있다. 하부는 가로로 셋으로 나뉘고, 마주 보아서 왼쪽 부분에는 세 마리의 새가 한 구의 시체를 쪼아먹고, 오른쪽 부분에는 두 마리의 짐승과 한 마리의 새가 또 한 구의 사체死體를 먹고 있다. 이 좌우의 사체死體에 끼여 있는 4센티미터 남짓의 대臺가 있고, 그 위에 사람의 잘린 머리와 손·발이 얹혀 있다.

　하나의 조상彫像이 이와 같이 상중하의 삼층 구조를 이루며 중앙부에 주존主尊을 놓고, 하부가 가로로 세 개로 나뉜 것은 인도의 조상彫像에서는 희귀하지 않다. 이 삼층 구조는 이미 간다라 미술에도 나타나 있는데, 후세의 힌두교와 불교의 작품에서는 자주 볼 수 있다. 그러나 이 차문다상처럼 가장 아랫부분에 묘지 또는 사체 안치장이 있고, 가장 윗부분에는 나무가 있다고 하는 구도는 희귀하다.

　더욱이 차문다는 묘지에서 산다고 일컬어지며, 또한 바니안 나무 아래에 산다고 하는 전승도 있어서 당연히 이와 같은 구도를 생각할 수 있

---

318 차문다. 12세기. 인도 국립박물관.(뉴 델리)

318

지만, 묘지와 나무와 차문다가 하나의 상像으로 나타나 있는 예는 드물다.

생명 또는 재생을 의미한다고 생각되는 수목樹木과 사자死者가 재생을 기다리는 장소인 묘지와의 관계는 쉽게 이해할 수 있지만, 이 조상彫像에는 또 하나의 잘 알려진 관계가 보인다. 나무와 여성의 결합이다. 나무 아래에 선 여성은 인도뿐만 아니라, 많은 나라에서 그림과 조각상의 주제가 되었다. 이 차문다상에서도 젊고 부드럽고 온화한 미인이라고는 할 수 없지만, 여성과 나무와의 결합도 명확하게 의도되어 있다고 말할 수 있을 것이다.

가장 아랫부분의 사체死體를 쪼아먹고 있는 세 마리의 새 중에서, 가장 커다랗게 조각되어 있는 새는 차문다의 승물(바하나)인 올빼미이지만, 그 얼굴은 인간과 몹시 닮아 있다. 올빼미는 발로 사체死體를 꽉 밟고 있으며, 다른 새, 아마 올빼미가 사체의 눈을 쪼아먹고 있다. 우측에는 또 하나의 사체死體를 재칼Jackal로 생각되는 짐승 두 마리와 대형 독수리로 생각되는 한 마리의 새가 먹고 있다. 이 두 장면은 고대·중세 인도에 있어서 묘지 또는 사체 안치장을 묘사하고 있는 것이다. 고대·중세 인도에서는 일본에서와 같은 묘지는 없고, 사체를 태우거나 또는 화장하기까지 사체를 놓아두기 위한 장소(시체숲)가 있었을 뿐이다.

이 차문다상에서 가장 아랫부분의 좌우가 어떠한 의미를 지니고 있는 것인가는 명확하지 않다. 그러나 명백한 것은, 이 여신이 시체숲이라고 하는 소위 부정한 장소에 몸을 두고 있는 점이다. 시체숲에서 사는 신으로서 가장 유명한 것은 시바인데, 이 상像이 만들어진 12세기에는 여신 차문다를 시바의 아내로 하는 견해가 성립되었다. 따라서 차문다 여신이 시체숲에서 사는 것에 관해서는, 다음의 두 방면을 생각할 수 있다. 첫번째로는 그녀가 시바의 아내로 간주된 후, 원래는 남편의 행위였던 것이 이 여신의 행위로써 〈전이〉되었다. 두번째로는 시바로부터 받아들인 것이 아니라 시바가 《리그 베다》 시대에는 지니지 않았던, 또는 두드러지게 나타내지 않았던 특질을 후세에 얻은 것과 같은 원천으로부

319 그림 318의 세부. 차문다 여신은 코끼리의 생가죽을 펼쳐놓고 있다.

터 이 여신도 역시 받아들였다. 어찌되었거나 차문다 여신이 시바와 같은 그룹에 속하고, 비쉬누를 중심으로 한 신들의 그룹과는 떨어져 있다는 것은 분명하다.

상像의 가장 아랫부분 중앙에는, 네 개의 사람 머리와 잘린 손발이 대臺 위에 공양물처럼 올려져 있다. 이 여신에게는 인신人身 공양이 올려졌다는 이야기가 많이 남아 있으며, 이 상像에서도 인신 공양과의 관련이 시사되어 있을 것이다. 잘린 손과 발은 두 개씩이며, 그것이 한 조가 되어 있는 것처럼 각각 위쪽으로 쭉 뻗어 있지만, 아래쪽의 한 쌍이 완전히 공양물인 것처럼 보이는 데 비해, 위쪽의 한 쌍은 남비 뚜껑을 얹어 놓은 것처럼 여신이 밟고 있는 지면을 지탱해 주고 있다.

그 뚜껑의 한가운데에 있는 작고 우뚝 솟아나온 부분에 남근을 붙인 모습으로 시바가 엎드려 있고, 오른 손바닥을 〈지면〉에 대고 등에 태운 연화좌蓮華座와 차문다의 무게에 허덕이고 있는 것처럼 보인다. 12세기경에는 여신 숭배의 우위성이 아직 완전하게는 확립되어 있지 않았지만, 여신은 토착적 요소를 흡수하여 점차적으로 강인함을 획득하기 시작했다. 시바의 아내들은 각각의 개성을 발휘하면서, 시바의 권위를 타고 넘으려 했다. 이 차문다가 시바를 깔고 있는 것은 시바의 권위를 타고 넘었다는 것을 표현해 준다고 생각할 수 있다.

여신 칼리가 잠자고 있는 남편 시바 위에 서 있는 자세는, 벵골 지방을 중심으로 인도 전지역에서 종종 볼 수 있다.(그림 073) 칼리와 차문다는 원래 다른 여신이었지만, 12세기경까지에는 어느쪽도 시바의 아내인 대여신 마하데비의 다른 출현이라고 생각하게 되었던 것 같다.

사람들의 고난을 구제하는 어머니

320 차문다. 대영박물관.(런던)
　　그림 318 · 319의 경우와 같이 복부에 전갈이 조각되어 있다.

그런데 이 여신은 이마의 중앙에 시바의 특징이 후세에 〈전이〉했다고 생각되는 제3의 눈을 지니며, 눈꼬리를 치켜올리고 크게 뜬 두 개의 눈은 오른쪽 아래쪽을 향하고 있다. 3밀리미터 정도의 간격을 지닌 두 개의 선이 여신의 얼굴을 테두리로 만든 것처럼 조각되어 있는데, 더구나 얼굴 중앙을 똑바로 가로지르고 있다.(그림 319) 이 의미는 분명하지 않지만, 매듭이 있는 점으로 보아 끈인 듯하다. 여신의 머리카락은 이마 위의 부분이 파손되어 있지만 이중二重의 머리띠로 억제되어 있고, 뒤로 조작 없이 흘러내리고 있다. 얼굴의 바로 위 머리띠에는 시바의 얼굴에서 자주 볼 수 있는 해골이 붙어 있고, 후두부의 머리띠에는 좌우에 한 마리씩의 코브라를 볼 수 있다.

들떠 있는 갈비뼈 위에 목걸이가 놓여 있고, 그 아래에 역삼각형의 쪼그라진 유방이 붙어 있다. 인도의 여신이나 여성상에는 유방의 풍만함이 강조되어 있지만, 차문다와 같이 〈광포한〉 모습의 여신인 경우에는 날카롭고 뾰족하며 풍성하지 않은 유방이다. 왼쪽 유방에서는 젖이 흘러 띠처럼 배를 지나서 허리 장식 위를 통과하여 왼쪽 다리 위까지 다다르고 있다. 풍만하지도 않고, 혈관이 튀어나와 있는 유방에서 떨어지는 다량의 젖은 일종의 까닭모를 무서움을 일깨워 준다.

차문다와 전갈의 밀접한 관계는 잘 알려져 있고, 이 상像의 위 복부에도 전갈이 그려져 있다. 이 여신상은 대개의 경우 비쩍 말라서 뼈뿐이며, 그 중에도 복부는 극도로 움푹 패여서 가죽만 있는 것처럼 표현되어 있다. 그 복부에 종종 전갈이 새겨져 있는 것이다. 여신의 무시무시한 인상을 강조하는 데는 효과적이지만, 그 심벌리즘은 사람들의 〈돌연한 위통胃痛〉을 여신 자신이 떠맡아 책임지고 있는 듯하다.

또한 차문다는 사람의 머리를 연결하여 만든 목걸이를 목에 걸고 있는 때가 많은데, 이 상像도 그와 같이 커다란 목걸이를 걸고 있다. 사람의 머리로 만든 목걸이는 무시무시한 양상을 나타낼 때의 시바, 칼리 여신, 그리고 양자의 시녀 다키니(荼枳尼) 여신 등에게서 볼 수 있는 것이다.

---

321 차문다. 타렘 박물관.(서베를린)
코끼리의 생가죽이 여신의 배후에 펼쳐져 있다.

321

오른쪽 넓적다리에는 선명하게 문둥병의 표시가 만들어져 있는데, 이 표시는 고대·중세 인도에서 가장 두려워하였던 병의 하나인 문둥병을 여신이 사람들을 대신하여 책임져 준다고 하는 신앙을 표현한 것이다. 갠지즈 강의 물로 목욕하고, 또는 강의 모래와 진흙을 신체에 문질러 바르면 문둥병에 걸리지 않는다고 하는 신앙은, 지금도 여전히 인도에서 계속되고 있는 문둥병의 두려움을 나타내고 있다.

시바신의 원형 루드라Rudra에게는 원래 질병 치유의 직능이 있었지만, 후세의 힌두이즘에서 시바는 질병 치유의 신으로서는 유명하지 않다. 힌두이즘에 있어서 천연두나 문둥병 등을 치유하는 자로서 숭배되는 것은 여신, 특히 무시무시한 형상의 여신들이다. 차문다 여신도 기괴한 신체를 지니고 있지만, 사람들의 고난을 구제하는 〈어머니〉인 것이다.

여신의 발찌와 팔찌는 모두 뱀이다. 뱀도 역시 시바와 밀접한 관계가 있고, 시바는 사체死體를 태운 재를 신체에 바르고, 뱀을 목에 감고, 밤에 〈묘지〉를 돌아다닌다고 전해지고 있다.

여신의 팔은 10개이며, 상하 두 그룹으로 나누어져서, 위의 두 팔은 어깨에서 따로따로 이어져 있고, 아래의 팔 세 개는 팔꿈치에서 나누어져 있는 것처럼 보인다. 오른쪽의 제일 첫번째 팔은 〈물소 마신을 죽인 여신〉(마히샤스라마르티니) 등 대부분의 여신의 경우와 마찬가지로 칼을 치켜들고 있다.(그림 319)[98] 두번째 팔은 코끼리의 잘린 앞발 한쪽을 눈 높이만큼 올리고 있다. 세번째·네번째·다섯번째 팔은 일부 파손되어 있지만, 네번째 팔 손끝의 불룩한 곳은 피로 가득찬 두개골(카팔라)을 들고 있었을 것이다. 피는 탄트리즘에서 〈깨달음〉의 지혜를 의미하고, 무시무시한 형상의 신들은 종종 피로 가득찬 두개골을 들고 있는 것이다.

왼쪽의 첫번째 팔은 오른쪽의 두번째 팔과 마찬가지로, 잘리운 코끼리 뒷발의 한쪽을 들어올리고 있다. 왼쪽의 두번째 팔은 시바의 무기인 삼지창을 들고 있었을 것이다. 두번째 팔과 교차하는 것처럼 되어 있는

322 차문다. 오리사 출토. 9세기 무렵. 대영박물관.(런던)

손끝이 커다란 막대기 모양이었던 흔적이 남아 있다. 세번째 팔은 원래 비쉬누의 무기였던 원반을 들었고, 네번째 팔은 몹시 파손되었으며, 다섯번째 팔은 브라흐만의 목을 늘어뜨리고 있다. 또한 여신의 팔 사이에는 코끼리의 머리가, 왼쪽 팔 사이에는 꼬리가 보인다.

코끼리의 생가죽을 배후에 펼쳐놓았다고 하는 특징도 시바의 것이다. 코끼리의 모습을 한 악마의 신을 죽이고, 그 생가죽을 입는다고 하는 이야기는 《바라하 푸라나》·《쿨마 푸라나》 등에서 볼 수 있다.[99] 시바가 행한 갖가지 위대한 업적에 관해서는 각각의 신화가 전승되고 있으며, 조각가들은 시바의 행위를 표현한 조상彫像을 만들고 그 하나하나에 이름을 붙였다. 〈코끼리 모습을 한 악마의 신을 죽이는 형상〉도 그와 같은 장면의 하나이며, 힌두 조각 중에서도 수많은 걸작을 낳았다.

이 모습(형상)을 한 시바상에는, 코끼리의 생가죽이 종종 시바의 몸 전체를 둘러싸고 있으며, 코끼리의 머리는 시바의 발 아래에 있다. 때로는 그것이 계란 껍질처럼 둥그렇게 되어 있고, 그 속의 시바는 출생을 기다리는 태아처럼 보인다.[100] 또한 지금 우리들이 고찰하고 있는 차문다상의 경우와 같이, 생가죽이 시바의 배후에 펼쳐져 있는 것도 있다.

이 〈코끼리의 생가죽을 펼쳐든〉 형태의 상像은, 시바의 몇 가지 특징이 다른 신들에게 〈전이〉한 경우에, 그러한 신들에게 나타나는 경우가 많다. 그 두드러진 예는 불교 탄트리즘 속에서 중요한 역할을 수행하는데, 시바보다 많은 도상학적 특징을 지니고 있는 남신男神 헤루카의 등에 펼쳐져 있는 코끼리 생가죽의 경우다.[101] 이 차문다상의 경우도 원래는 시바와 아무런 관계가 없었던 여신이 시바의 비妃가 됨에 따라서, 시바가 지닌 특징의 몇 가지를 받아들였다고 생각되며, 그 결과 이 여신의 상像은 시바의 도상圖像이 발휘하는 효과와 똑같은 것을 발휘하고 있다. 이처럼 시바로부터 많은 요소를 이어받고 있으며, 더구나 시바의 아내이면서 차문다는 시바를 내리누르고 있는 것이다.

균형잡힌 구성

차문다상의 가장 윗부분에는 나무가 있다. 이 여신은 바니안 나무 아래에서 산다고 일컬어지고 있으므로, 이것도 바니안일 것이다. 바니안 나무는 둥근 모양을 한 짙은 녹색 잎을 지니고 있으며, 우기雨期에 직경 1센티미터 정도의 빨갛고 둥근 열매를 맺는다. 이 나무는 핏팔(인도 보리수) · 우담바라(우담화優曇華 나무)와 더불어 인도의 대표적인 무화과 나무이다.

바니안은 어느 수령樹齡에 달하면 가지에서 수많은 기근氣根(땅 위에 노출되어 있는 뿌리 —역주)을 드리운다. 그 모습이 머리카락을 늘어뜨린 것과 비슷하기 때문에 시바신의 머리카락이라 일컬어지고 있다. 땅 위에 노출되어 있는 뿌리의 끝은 어린아기의 작은 손가락과 같은 색조와 윤기를 띠고 있으며, 이곳을 잘라서 떨어져내리는 수액樹液은 시바의 정액이라고 하여 여성이 마시면 임신한다고 전해지고 있다. 힌두교도에게는 사체死體를 태운 곳이나 그 옆에 나무를 심는 관습이 있는데, 바니안 나무는 그러한 경우 즐겨 심고 있는 나무의 하나이다. 수액이 재생을 위한 힘을 감추고 있다고 믿어지는 나무를 〈묘지〉에 심는 것이다. 땅 위에 노출되어 있는 이 나무의 뿌리가 지면에 닿아 땅 속으로 들어가면, 뿌리가 내려서 그대로 굵은 줄기가 된다. 따라서 한 그루의 바니안 나무가 몇 개나 되는 줄기를 지니고 있는 것이 된다. 그 기괴한 모습은 생명의 강인함을 나타내는 매우 믿음직한 상징이다. 시바의 정액 운운하는 전승은 이 나무의 왕성한 생명력에서 유래했을 것이다.

차문다 여신의 머리 위 뒤쪽의 줄기는 굵고, 세 개의 커다란 가지로 나누어져서 잎이 무성하다. 여러 개의 사람 머리를 그 머리카락으로 가지에 묶어서 매달아 놓아 마치 열매가 달린 것처럼 하고, 그 〈열매〉 곁에 새가 머물러 있다. 그러한 머리는 상像의 가장 아랫부분에서 볼 수

323

324

있는 머리와 크기나 만듦새가 비슷하다. 이 나무는 가장 아랫부분에 묘
사되어 있는 사체死體가 썩어 문드러져서, 흙·물 등의 요소로 분해되
어 버린 지면으로부터 요소를 빨아올려 잎 사이에 사람의 머리를 열매
맺게 한 것 같다. 재생의 단적인 상징이 되는 머리는, 그것이 머리뿐이
라는 것으로 인해, 동시에 재생이 지니고 있는 위험함과 생명 그 자체에
내재한 약함까지도 상징하고 있는 것으로 생각된다.

차문다상을 구성하는 여러 부분은, 이상과 같이 부정한 요소를 수없
이 포함하고 있다. 사람의 머리, 잘라낸 손, 짐승에게 먹이는 사체死體,
뼈만 남아 문둥병에 침식당한 육체 등, 보통 때라면 눈을 돌리게 될 소
재가 이 상像에서는 균형잡힌 구조로 짜맞추어져 있고, 전체로서 독특
한 아름다움을 자아내는 요소로 되어 있다. 나무와 여신, 여신과 사체

---

323 차문다. 프레타(아귀) 위에 서 있다.
　　여신의 신체 좌우에는 커다란 전갈이 옷처럼 드리워져 있다.
　　랄리트·칼라·바반.(베나레스)
324 차문다. 인도 국립박물관.(뉴 델리)

(시체숲), 나무와 사체의 세 가지 조합이 이 像像에 각각의 심벌리즘을 부여하고 있다. (1)존재를 생산해내는 원천인 여성과 생명의 상징인 나무 (2)시바신의 파괴 에너지의 구현자로서의 여신과, 파괴된 자의 가장 직접적인 표현인 사체死體 (3)존재의 마지막인 죽음과 재생을 상징하는 수목樹木. 그들 한 쌍의 내부에서 이미 긴밀하게 서로 관련을 맺고 또는 예리하게 대치하는 심벌리즘이, 이 짙은 녹색의 돌덩어리 속에서 복잡하고 동적인 복합체가 되어 불가사의한 강인함으로 우리들을 유혹한다. 여러 가지로 서로 결합되어 있는 그들 심벌리즘의 복합에서 점차적으로 떠오르는 것은, 시체숲이라고 하는 〈죽음〉과 수목樹木이라는 〈삶〉의 중간에서 파괴를 실제로 나타내고 공포로 사람을 위협하면서도, 사람들의 일반적인 고통을 자기 몸으로 받아들이는 자세를 갖춘 〈어머니〉로서 여신의 모습이다.

차문다 여신, 그것은 〈죽음과 삶〉〈파괴와 창조〉〈추함과 아름다움〉〈광포와 유화柔和〉〈전율과 평안〉 등의 〈상반되는 두 가지 극極〉 사이에서 생기는 항쟁과 융화의 동태 등이 아닐까. 그 정지된 돌의 세계는 세계가 존재하는 한 계속될 〈상반되는 두 가지 극極〉의 동적인 관계를 가리켜 주는 것이다.

종 장
Conclusion

325 바쥬라바라히(金剛亥母)의 만다라

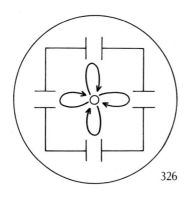

326

네팔 만다라

카트만두 분지에 서 있으면, 새삼스럽게 자신들이 산으로 에워싸여 있다는 것을 강하게 의식하게 된다. 구름 틈 사이로 눈이 쌓여 있는 히말라야의 산들이 보이고, 그 전면에는 이 분지를 에워싸고 있는 구릉이 줄지어 있는 것을 볼 수 있다. 분지에 사는 사람들이 〈자신들은 주위의 보호를 받고 있다〉고 생각하는 것도 이해할 수 있다는 생각이 든다.

태고太古 시대에는 이 분지가 거대한 호수였다고 전해지고 있다. 그것이 사실이라는 것을 증명하는 지질학적인 증거도 존재한다고 한다. 비전문가의 눈에도 이 분지가 물이 풍부함을 알 수 있다. 지표에서 10센티미터 아래는 암반岩盤인 데칸 고원과는 달리, 이곳의 토지는 부드럽고 더구나 매우 비옥하다. 해발 1200미터, 기후는 온화하고 도시가 되기 위한 입지조건을 고루 갖추고 있다고 말할 수 있다. 네팔 문화의 중심이 이곳에 있었다. 그리고 지금도 이곳이 중심이다.

카트만두 사람들은 이 분지를 〈네팔 만다라〉라고 부른다. 그들에게 있어서 이 분지는 코스모스인 것이다. 만다라 또는 코스모스를 형성하기 위한 필수불가결한 요소는, 이미 서술한 바와 같이 중심과 폐쇄된 주

---

326 만다라 형태를 취한 〈어머니〉.
　여기에서는 바깥 원이 소재로서의 〈어머니〉와 무의식의 세계를 나타내고 있다.
　생물의 활동은 원 속, 요컨대 〈어머니〉 속의 사각으로 표현되었다.
　삶과 죽음과 재생은 중심과 주변과의 관계를 바꿔 놓았다.

변이다.

카트만두 분지는 적어도 또 하나의 주변에 의해 에워싸여 있다. 요컨 대 팔모신 각각을 제사지내는 여덟 개의 사원의 분지를 에워싸고 세워 져 있는 것이다. 그러한 여덟 개의 사원을 점으로 연결해 보면 삐뚤삐뚤 한 원으로밖에 되지 않지만, 각각의 사원은 놀라울 만큼 정확하게 카트 만두 분지의 중심점에서 방사선 모양으로 그어진 8개의 직선상에 있다.[102]

이와 같이 네팔 만다라는 팔모신으로부터 수호받는 공간이다. 분지를 수호하는 데 있어서, 팔모신들은 지모신地母神으로서의 원래 기능을 좀 더 강화하려고 한 것처럼 생각된다. 분지를 에워싼 팔모신의 사원 외에, 카트만두 시와 바드가온 시를 에워싼 팔모신의 사원도 있다.[103] 요컨대 분지라는 커다란 코스모스 속에 카트만두 시 또는 바드가온 시라고 하 는 약간 큰 코스모스가 포함되어 있다고 생각할 수 있다. 게다가 작은 코스모스도 있다. 낙살 바가바티 사원의 층탑도 팔모신과 여덟 바이라 바를 주변에 배치한 코스모스이다. 바드라칼리 사원의 본존本尊 위에서 볼 수 있는 천개天蓋(그림 130)에서도, 팔모신은 바드라칼리 여신을 중 심으로 하여 질서 세계를 형성하고 있다.

팔모신이 있는 영역을 수호하고 있다고 하는 사고방식은 네팔 불교의 의례 속에서도 보인다. 네와르족 중에 승려계급에 해당하는 카스트인

---

327 칠모신과 비라바드라Vīrabhadra.[104] 부바네스바르의 무크테슈바르 사원 천정. 오리사.
328 요니를 수반한 불탑 카트만두 스바얀부Svayambhū 사원.

바쥬라 아차르야가 여름에 행하면서 죽은 영혼·아귀餓鬼 등에게 공양물을 받들어올리는 의례 〈가탄 무가〉에서는, 의례를 행하고 있는 그 장소가 팔모신에게 에워싸여 있다고 생각하며, 그 장소(차크라)에 대한 공양(푸쟈)을 하는 장면이 있다. 또한 불교 사원에서도 안나푸르나 사원과 같이, 팔모신과 여덟 바이라바상을 사방의 버팀목에 배치해 놓은 경우가 있다.

주변으로서의 원형 〈어머니〉

이와 같이 카트만두 분지에서는 〈어머니〉에게 둘러싸인 영역으로서의 만다라가 몇 겹이나 존재하고 있다. 만다라의 주변은 세계의 구성 요소로서의 여러 원소(흙·물·불·바람), 즉 소재로서의 〈어머니〉를 나타내고 있다. 생물의 활동은 원円에 의해 표현된 〈어머니〉속의 사각四角으로 상징된다.(그림 326) 융이 말한 바와 같이 사각은 스스로를 에워싸는 원이 되고자 하여, 요컨대 원의 면적과 동등하지만 크기가 다른 수많은 사각의 집적集積을 이루면서 활동을 계속한다.[105] 여러 가지 크기의 사각 집적集積에 의해 원의 면적을 계산하려고 하는 기도는 원적법円積法이라 불리우며, 연금술사錬金術師들이 즐겨 쓰던 주제이다. 만다라에서는 이와 같은 생물의 활동과 그 소재와의 관계가 표현되어 있다.

제4장 마지막에서, 우리들은 소재로서의 〈어머니〉와 생물의 관계를 도시圖示했다.(그림 212A) 이 경우에는, 생물의 힘(샥티)이 번성할 때에는 〈어머니〉로부터 떨어져 나오려고 하는 경향이 보인다. 그러나 샥타파의 세계관에서는 소재인 자연뿐만 아니라, 힘도 역시 〈어머니〉이다. 이와 같은 입장에서는, 그림 212B에서 표현한 바와 같이 소재와 힘의 구별이 불확실해진다. 오히려 소재와 힘의 구별을 하지 않는 것이야말로 샥타파가 원하는 것이다. 소재(실체)와 힘(에너지)을 구별하지 않

는 경향은, 베단타학파 등의 바라문 정통파와 비바라문계의 불교에서도 두드러지며, 샥타파의 세계관은 그 전통 속에 있다고 말할 수 있다.

만다라는 그림 212의 내용을 맨 위에서 다시 본 것이라고 생각된다. 그림 212에서는 시간의 방향을 화살표로서 나타낼 수 있지만, 만다라에서는 시간의 방향을 다른 방식으로 나타낸다. 예를 들면, 금강계金剛界 만다라에서는 사방에 배치된 네 불타가 아침·점심·저녁·밤 또는 인생의 네 시기를 상징한다고 생각되고 있다. 즉 중심을 오른쪽으로 회전시키는 곡선이 시간의 방향을 나타내게 된다. 더구나 금강계 만다라에서는 중심과 몇 개의 동심원과의 대응관계에 의해서도 종교 실천에 있어서 시간의 경과를 말해 준다. 만다라에서는 시간의 경과를 불가결한 조건으로 삼는 행위를 원에 의해 에워싸인 이차원의 공간 가운데 표현하지 않으면 안 된다. 따라서 위에서 서술한 바와 같은 고안이 행해지는 것이다. 어찌되었거나 만다라에서는 생명 있는 것의 활동은 폐쇄된 원에 의해서 수호되는 장소 속에서 표현된다.

〈어머니〉에게 둘러싸인 링가

인도·네팔에서는 링가의 상징이 길모퉁이와 당堂 안에 세워져 있는 곳이 많지만, 요니(女陰)에 하부를 에워싸며 우뚝 솟아 있는 모습을 표현한 상징(링가·요니)도 자주 볼 수 있다. 후자의 상징은 남성과 여성의 교합을 구상화한 것이지만, 그 전체적 구조는 만다라의 입체적 구조와 상응한다. 일반적으로 만다라는 평면도로 묘사되고 있지만, 원래는 삼차원적인 입체立體이다. 세계의 구성 요소인 흙·물·불·바람의 원소가 우선 하부 기층에 존재한다. 이러한 원소는 세계의 소재(마타)이며, 〈어머니〉이다. 이 기층 속에서 세계 축軸으로서의 수메르 산(수미산)이 우뚝 솟아 있다. 수메르 산 꼭대기에 세워 놓은 궁전에서 불타들과 신들이 살고 있는 것이다.

링가·요니의 상징 속에는 수메르 산의 주위에 퍼져 있는 여러 원소의 〈고리〉가 요니에게 상응하고, 수메르 산이 링가에게 상응한다. 링가·요니는 힌두교적인 것이며, 만다라는 어느쪽인가 하면 불교에서 길러낸 것이다. 그러나 이 양자는 그 상징 의미의 구조에 있어서 서로 비슷하다.

불교에 있어서 힌두교도의 링가·요니에 대응하는 것은 불탑(챠이티야·스투파)이다. 불탑은 불타의 열반涅槃의 상징이지만 그 심층 의미의 수준에서는 우주축宇宙軸, 또는 우주란宇宙卵이며, 힌두의 링가와는 심층 의미의 수준에 있어서 같은 것을 가리키고 있다. 그림 328은 스바얀부Svayambhu 불탑 옆에 세워진 불탑이다. 이 불탑은 명확하게 링가·요니의 형태를 지니고 있다. 네팔 불교는 힌두교의 영향을 강하게 받은 것이다.

이 불탑은 동시에 입체立體 만다라라고도 생각된다. 사방에는 아촉阿閦(동)·보생寶生(남)·아미타阿彌陀(서)·불공不空(북) 즉 네 부처가 각각의 특징적인 인상印相(契印)을 맺고 앉아 있다. 네 부처가 배치된 〈축軸〉을 에워싸고 있는 모양으로 요니가 있고, 게다가 원초의 세계를 감싸는 뱀(우로보로스)이 요니를 에워싸고 있다. 이 탑은 불탑이며, 링가·요니이며, 그리고 만다라인 것이다.

소재에서 생명이 있는 것이 태어나고 활동을 계속하며, 그리고 그 생명체에게 허락된 시간을 다하고 여러 원소로 되돌아간다. 이 삶과 죽음의 반복 드라마를 〈어머니〉와 〈자식〉의 싸움으로 생각하고, 그와 같이 설명하는 신화가 존재한다. 인도 모신들도 자식의 피를 요구하는 무시무시한 존재이다. 그러나 이 땅에 있어서 〈어머니〉와 〈자식〉의 양상은 복잡하다. 인도의 〈어머니〉들은 스스로가 〈자식〉으로도 되어 버린다. 소재로부터 태어나서 〈어머니〉의 〈육체〉로부터 떨어지려고 하는 에너지도 〈어머니〉는 빼앗아 버리는 것이다. 그렇다면 정말로 어머니 콤플렉스Mother Complex의 세계가 아닐까. 그러나 샥타파의 영향을 받은 사람들이 어머니 콤플렉스의 권화權化라고 할 수는 없다. 샥타파의 사람들이 신의 힘, 또는 생명체의 힘을 〈여신〉(妃)이라 부를 때에는 출구가 없는 폐쇄적인 정신 상황을 생각하고 있는 것이 아니라, 오히려 막힘이 없는 에너지의 순환을 생각하고 있었다.

만약 소재와 힘, 실체와 속성, 여성과 남성이 항쟁하는 관계에 있는 것이 아니라 그들 사이에 자유로운 교제가 이루어진다면, 생명체는 그 활동을 한층 더 신속하게 행할 수가 있다고 샥타파 사람들은 생각했던 것이다. 그와 같은 사고방식은 샥타파에뿐만 아니라 불교에도 존재한다. 만다라는 세계의 원소와 그 에너지가 하나의 코스모스를 형성하고 있는 양상을 표현한 것이라 하겠다. 따라서 만다라는 〈어머니〉와 〈자식〉이 불행한 항쟁을 하는 일 없이 양자가 각각의 본연의 존재방식을 수행하는 본연의 모습을 나타내고 있다. 링가·요니가 일체를 이루는 존재방식에 관해서도 완전히 같다고 말할 수 있다.

피의 의례와 〈어머니〉

1982년 여름에 카트만두 사원에서 본 여신상을 생각해 본다. 어두컴컴함 속에 떠올라 보이는 여신의 하얀 신체와 그 아래 퍼져 있는 〈검은 기운〉. 이 여신과 그 주위와의 구조는 링가·요니의 그것과 같다. 링가 대신에 여신이 서 있는 것이다.

그렇다 하더라도, 왜 검은 기운은 여신을 어둠으로 끌어들이려고 하는 것일까. 왜 〈어머니〉의 피가 필요한 것일까. 〈어머니〉와 〈자식〉과의 공존이야말로 샥타파가 원하고 있는 것이 아닐까. 공존을 원하는 〈어머니〉가 왜 〈자식〉을 죽이지 않으면 안 되는 것일까.

우리들은 지금 의례가 지닌 〈외관의 패러독스〉 앞에 서 있다. 요컨대 의례에서 피를 요구하는 것은 실제 생활에서는 그것을 바라지 않기 때

文이다. 의례에 있어서 피는 의례라고 하는 소위 〈외관의 행위〉 속에서만 필요하며, 당연한 현실생활을 반전시킨 특수한 시간에서만 의의가 있는 것이다.

의례 속에서 행해지는 행위는, 그 의례가 기초를 둔 세계관을 선취하여 행하는 것이며, 의례가 최종적으로 요구하고 있는 것은 의례 속에서 행해지는 행위, 예를 들면 물소를 죽이는 것과 같은 행위 그 자체는 아니다. 그 행위가 끝나 버린 후의 시간에서 어떤 생존을 요구하고 있는 것이다. 어떤 의례가 요구하고 있는 것은, 의례 그 자체 속에서 행해지는 행위와는 반대의 경우가 많은 것이다.

어쨌거나 그 의례 행위 그 자체가 과다한 경우에는, 그 행위가 현실생활 그 자체를 변질시키거나 위협하기도 할 것이다. 불행하게도 인도·네팔에서는 의례 행위 그 자체가 과다하게 되어 버린 예가 있다.

엄청난 수의 여신상이 카트만두에 살고 있다. 우리들의 무의식의 깊은 곳으로부터 떠올라오는 듯한 여러 가지 조형들. 사원을 지탱해 주는 버팀목에 설치되어 있기도 하고 본당 안에 있기도 한다. 이 여신들의 이미지는 다양하다. 의례 행위가 최종적으로 요구하고 있는 것이 그 행위 자체와는 다른 것처럼, 신들의 이미지에 의존되어 있는 의미도 그 이미지 그 자체로부터 직접적으로 받아들일 수는 없는 것이다. 이미지를 구성하는 도상학적 특징의 상징 의미를 알아야 한다. 또한 그 의미도 중층적重層的으로 주어지는 것이며, 하나의 상징에 하나의 의미가 부여되어 있는 것만은 아니다.

이미지도 의례도 수단에 지나지 않는다. 더구나 종교 행위의 어떤 과정에서, 어떤 측면에 종사하게 하는 장치에 불과하다. 모든 것은 의미를 연기하는 우리들의 행위에 있다.

＊　　　　＊　　　　＊

이 책의 몇 개의 장은 이미 잡지 등에 발표했던 것에 기초를 두고 있다. 그렇지만 그들의 대부분은 이 책에 수록하면서 대폭적으로 다시 고쳐 썼으나, 처음에 발표된 책자는 이하와 같다.

《대지모신의 모습》(제1장) — 季刊《自然과 文化》, 일본 내셔널트러스트, 1987년 신춘호.

《카트만두의 신들》(제3장) — 季刊《民族學》 제26호, 1983년.

《카트만두에 있어서 팔모신과 여덟 바이라바》(제5장) —《密敎圖像》 제4호, 1986년.

《모신들의 코스모스》(제6장) —《すばる》(昴星), 1987년 8월호.

《삶과 죽음이 교차하는 여신의 세계》(제7장) —《세계의 박물관 인도 뉴델리의 국립박물관》 講談社, 1979년.

이 책은 동경외국어대학東京外國語大學 아시아 ＝ 아프리카 언어문화연구소가 행한 해외학술조사《네팔에 있어서 국민 형성과정의 인류학적 언어학적 조사》(대표자 北村甫)의 분담 연구(1982 – 1984년), 국립민족학박물관이 행한 해외학술조사《갠지즈 강 유역의 복합 문화 형성 동인動因의 비교 연구》(대표자 長野泰彦)의 분담 연구(1987 – 1990년)에 많은 혜택을 입었다. 1982 – 1984년의 조사 보고인《Tachikawa, 1984》(문헌 56)《Tachikawa, 1986》(문헌 57)가 이 책의 모체가 되었다는 점도 덧붙여두고 싶다.

또한 이 책은 국립민족학박물관의 공동 연구《남아시아 여러 판테온의 표현 방법에 관하여》(대표자 立川武藏, 1988 – 1990년)와 나고야(名古屋)대학 교육연구 특별 경비에 의한 연구《나고야(名古屋)대학에 있어서 남아시아의 도상학·역사학적 자료의 시스템 개발에 관하여》(1989 – 1990년)의 성과의 일부이기도 하다. 이러한 기회를 부여해 준 것에 깊은 감사를 드린다. 이 책에 수록된 이하의 사진은 사진작가 橫田憲治 씨의 촬영에 의한 것이다.(그림 010·011·015~031·034~037·058·

096 · 220 · 222~237 · 240 · 242~257 · 284~294) 이 책에 게재할 수 있었던 것은 橫田 씨의 호의에 의한 것이다. 그밖에는 필자 자신이 촬영했다. 그림 012~014는 National Archives, Kathmandu의 호의로 게재할 수 있었다.

이 책이 기획되고 나서, 이미 오랜 세월이 지났다. 그 사이 세리까 서방의 船橋純一郎 씨는 끈질기게 참고 기다려 주었으며, 그밖에도 많은 것을 시사해 주었다. 八神由布子 씨, 川上早苗 씨는 이 책에 수록된 선묘線描로 된 그림 대부분을 작성해 주셨다. 정말로 많은 기회, 그리고 많은 분들의 도움으로 이 책이 완성되었다. 깊은 감사를 올리고 싶다.

1990년 3월

Supplements

주註
표表
List of Figures
문헌 목록
색인

주

1——[石井 1986 : 142](문헌 1)

2——DM, 7,8-14(문헌 24) 참조.

3——DM, 7, 19(문헌 24) 참조.

4——DM, 8, 56(문헌 24) 참조.

5——[Pruscha 1975 : K-11-13](문헌 48)

6——[Pruscha 1975 : B-42](문헌 48)

7——[Pruscha 1975 : P-122](문헌 48)

8——만다라를 원형〈어머니〉의 한 형태로 생각하는 것에 관해서는 [Jung 1986 : 15](문헌 36)에 의거하였다.

9——[Jung 1986 : 13](문헌 36), [Jung 1982 : 126](문헌 14)

10——이〈뒤틀림〉은, 바라문 정통파의 신화에서는 복잡한 현상을 보인다. 아리안계의 정통파 속에서 형성된 아니마와 아니무스는 그 당초부터 비아리안계의 비정통파와의 항쟁을 반영하고 있기 때문이다. 베다 종교의 전통을 계승한 정통파는 적어도 그 당초에는 여신 숭배를 중시하지 않았지만, 후세 여신 숭배를 억제하면서도 수용하였다. 이 억제는, 〈뒤틀림〉과도 다른 종류의 복잡한 양상을 힌두교 여신들의 이미지에서 만들어낸 것이다. 인도에서 대표적인 지모신地母神인〈칠모신〉(삽타마트리카)이 힌두신들의 시스템인 판테온 속에서는 무시할 수 없는 중요한 존재이면서도, 판테온의 중심적 위치를 차지하는 일이 결코 없는 것은, 이 정통파와 비정통파와의 역사적인 항쟁을 무시하고는 이해할 수 없을 것이다.

11——[Kinsley 1987 : 158](문헌 37)

12——[Cooper 1978 : 22](문헌 19)

13——이 사진은 [Mode 1961 : pl.14](문헌 42)에서 옮겨 실음.

14——[Tachikawa 1985 : 57](문헌 58)

15——[Fergusson and Burgess 1969 : pl. LXXII](문헌 27)에서 옮겨 실음.

16——[立川 1986c : 26](문헌 8)

17——[立川・石黒・菱田・島 1980 : 232](문헌 4)

18——모헨조다로 유적의 시르에는 일렬로 나란히 늘어선 7인의 인물이 종
종 나타난다. [Prakash 1966 : pls. VIII - X](문헌 47) 그러나 이들 7명
이 칠모신인지 아닌지의 판정은 이후의 연구에 맡기지 않으면 안 된다.
[Prakash 1966 : 33](문헌 47) 참조.

19——[Plaeschke 1978 : pl.44](문헌 46)에서 옮겨 실음.

20——이 사원 본당本堂의 칼리상 사진에 관해서는
[Mookerjee 1988 : pl. XVI](문헌 44) 참조.

21——[Dehejia 1986 : 187](문헌 23)

22——마리아이 또는 마리안만은 천연두의 신이다. 천연두는 마리아이의
노여움으로 이해된다.
[Kolenda 1982 : 239,246](문헌 38), [Joshi, 1972 : Vol. 2, 86-87]
(문헌 34)

23——다른 요기니의 사진과 명칭에 관해서는
[Das 1981](문헌 21) 참조.
[Donaldson 1985 pl.646](문헌 25) 참조.

24——네팔의 지리와 기후에 관해서는 [Blair 1983 : 9-11](문헌 17) 참조.

25——그림 082는 [Slusser 1982 : Map 3](문헌 53)에 기초를 두고 있다.

26——[Auer and Gutschow 1974 : pl.212](문헌 15)

27——[Pruscha 1975 : P-107](문헌 48)

28——[Bangdel 1982 : 25, pls.23-25](문헌 16) 참조. 이러한 석상 중에는
유희좌遊戱座에 앉아서 물병을 들고 있는 것을 판별할 수 있는 것도 있으
며, 브라흐마니가 아닌가 추측되고 있다. [Bangdel 1982 : 25](문헌 16)

29——[Pruscha 1975 : K-286](문헌 48)

30——[Buddhisagaraśarman 1926 : Nos.71-78](문헌 18)

31——[Pruscha 1975 : K-149](문헌 48), [Tachikawa 1984 : 6-7](문헌 56)

32——카트만두 분지에서는 제8의 모신으로 마하락슈미를 넣고 있는 것이
일반적이다. 인도아대륙도 포함하여 제8모신으로서는 나라싱히Nārasim-
hi, 야므야Yāmyā, 바루니Vāruṇī, 카우베리Kauberī, 바야브야Vāyav-
yā, 아날라Anālā, 나이르티Nairṛti, 요게스바리Yogeśvari, 칼라라트리
Kālarātri 또는 사르바만갈라Sarvamaṅgalá를 들 수 있다.
[Joshi 1986 : 35](문헌 35)

33——[Pruscha 1975 : V-MZ 21](문헌 48), [Tachikawa 1986 : 14](문
헌 57)

34——반 코일은 이 여신을 두르가라 부른다.
[Van Kooij 1978 : pl. XIXb](문헌 60)

35——[Tachikawa 1984 : 4-5](문헌 56), [Pruscha 1975](문헌 48)에는
기재되어 있지 않다.

36——[Pruscha 1975](문헌 48)에 기재되어 있지 않다.
[Tachikawa 1986 : 51](문헌 57) 참조.

37——[Pruscha 1975 : K-111](문헌 48)

38——바드가온 시의 탈레쥬 사원 물 쵸크의 입구에 토라나가 있고, 그 중앙
에는 두르가의 모습을 한 탈레쥬 여신의 릴리프가 있다. 두르가의 맞은
편 왼쪽부터 반원을 그리면서 두르가를 에워싸고 있는 것처럼 팔모신상
이 있다. 그 순서는 가장 일반적인 순서, 즉 브라흐마니(황색)·루드라
니(살색)·카우마리(살색)·바이슈나비(녹색)·바라히(살색)·인드라
니(황색)·차문다(살색)·마하락슈미(살색)의 순서이다. 단 두르가의
맨 위에는 가네샤가 위치해 있다.

39——무시무시한 여신의 사원은 보통 마을 안에는 없고 입구에 세워지는 경
우가 많다. 그림 079의 마리아이 여신 사원은 〈마리아이의 문〉으로 불리
우며, 마을의 〈문〉이다.

40 —[Krishna Sastri 1974 : 197](문헌 39)

〈바드라〉란 〈은혜・상서로운 것・좋은 것〉 등의 의미가 있고, 〈바드라칼리〉는 은혜를 주는 여신을 의미하고, 〈칼리〉는 무시무시한 여신을 가리킨다.

[Fischer 1979 : 40](문헌 28)

41 —불교의 여덟 길상吉祥에 관해서는 [Dagyab 1977 : 27](문헌 20) 참조.

42 —금강金剛의 고리에 관해서는 [立川 1986a : 74](문헌 6) 참조.

43 —Citramaya Caṇḍi Saptasatiko 4-2422.

44 —[立川 1983 : 115](문헌 5)

45 —[Buddhisagaraśarman 1926](문헌 18)

46 —[Pruscha 1975 : K-15](문헌 48)

47 —[立川 1989 : 59](문헌 11)

48 —[Pruscha 1975 : Vol.1, 144](문헌 48)

49 —[Ehrhardt 1941 : pl.19](문헌 26), [Grimme 1966 : pl.1](문헌 29)

50 —[Ehrhardt 1941 : pl.110](문헌 26), [Grimme 1966 : 167](문헌 29)

51 —[Pruscha 1975 : Vol.1, 146](문헌 48)

52 —[立川 1977 : 276](문헌 2)

53 —[Pruscha 1975 : P-77](문헌 48)

54 —본서 76쪽.

55 —[Pruscha 1975 : K-314](문헌 48), [Tachikawa 1984 : 25](문헌 56)

56 —[Pruscha 1975 : P-105](문헌 48)

57 —[Pruscha 1975 : Vol.1, 159](문헌 48)

58 —[Pruscha 1975 : P-130](문헌 48)

59 —[田村 외 1986 : No.148](문헌 12)

60 —[Pruscha 1975 : K-307](문헌 48)

61 —[Pruscha 1975 : K-134](문헌 48)

62 —[立川 1988 : 155](문헌 10)

63 —[Pruscha 1975 : B-8](문헌 48)

64 —[Ie Bon 1981 : 38,61](문헌 40)

65 —[Tachikawa 1984 : pl.179](문헌 56)

66 —[Shastri 1973 : Ⅳ,19,77-78](문헌 51)

67 —[Gupte 1972 : 76](문헌 31)

68 —[Pruscha 1975 : P-33](문헌 48)

69 —1987년, 카트만두 탈레쥬 사원의 신관神官으로부터 들음.

70 —[立川 1987 : 123](문헌 9)

71 —[Jung 1986 : 15](문헌 36), [Jung 1982 : 128](문헌 14)

72 —[立川 1988 : 51,52](문헌 10)

73 —[Pruscha 1975 : K-177](문헌 48)

74 —[Tachikawa 1984 : 19](문헌 56)

75 —[Rao 1985 : Vol.Ⅰ-2, 379-389](문헌 50)

76 —[Slusser 1982 : Vol.1, 216, 235-239](문헌 53)

77 —[Gupte 1972 : 76,98](문헌 31)

78 —[Gupte 1972 : 76](문헌 31)

79 —그림 329는 [Macdonald and Stahl 1979 : 86](문헌 41)에 있는 그
림에 따랐다.

80 —[Skorupski 1983 : 59-60](문헌 52) 이것은 다나까쿠메이(田中公
明) 씨의 교시에 따랐다. 이 지면을 빌어 사의를 표한다.

81 —[立川 : 1986b](문헌 7)

82 —[Pruscha 1975 : K-171](문헌 48) 산스크리트어에서는 운맛타Un-
matta이지만, 네팔어로는 울만타Ulmanta이다.

83 —[Tachikawa 1986 : 57](문헌 57)

84 —[Rao 1988 : 97-99](문헌 49)

85 —주 82 참조.

86 —[Pruscha 1975 : P-126](문헌 48)

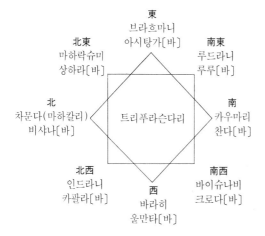

```
                        東
                      브라흐마니
                     아시탕가[바]
        北東                        南東
      마하락슈미                    루드라니
      상하라[바]                    루루[바]

   北                                      南
 차문다(마하칼리)         트리푸라슨다리        카우마리
  비샤나[바]                              찬다[바]

        北西                        南西
      인드라니                    바이슈나비
      카팔라[바]        西        크로다[바]
                     바라히
                    울만타[바]
```

87 —이 건물의 정확한 계획에 관해서는 [Nippon Institute of Technology 1985 : Fig.7](문헌 45) 참조.

88 —[Pruscha 1975 : P-175](문헌 48)

89 —[Pruscha 1975 : P-10](문헌 48)

90 —[Pruscha 1975:K-318](문헌 48), [Tachikawa 1984:11](문헌 56)

91 —[Stutley 1977 : 269](문헌 54)

92 —[Tucci 1968 : 132-135](문헌 59) 참조.

93 —[Tucci 1968 : 136-137](문헌 59) 참조.

94 —[Pruscha 1975 : K-301](문헌 48)

95 —예를 들면 그림 325의 만다라 주변에는 팔모신과 여덟 바이라바가 배치되어 있다.

96 —[立川 1978 : 4](문헌 3)

97 —푸쟈의 차례에 관해서는 [Tachikawa 1983](문헌 55) 참조.

98 —다비상多臂像의 팔(臂)을 세는 방식에 관해서는 [立川 1987 : 183-184](문헌 9) 참조.

99 —[立川·石黑·菱田·島 1980 : 84-85](문헌 4)

---

329 트리프라슨다리Tripurasundarī 여신을 중심으로 한 팔모신과 여덟 바이라바의 만다라 그림.(230쪽 참조) A.맥도날드, A.스탈《네와르의 미술》[79] 수록. [바]=바이라바.

100 ─[Zimmer 1972 : Figs.39,40](문헌 61)

101 ─[立川 1977 : 274-275](문헌 2)

102 ─[Gutschow 1982 : Fig.15](문헌 32)

103 ─[Gutschow 1982 : Fig.128](문헌 32) 본서 그림 084 참조.

104 ─[Dehejia 1979 : 143](문헌 22)

105 ─[Jung 1976 : 172](문헌 13)

330 카트반가

표

표1~표5는 본문 가운데 있다.

〔표 6〕 타라니 여신 사원의 버팀목에서 볼 수 있는 팔모신, 시바와 바이라바

그림 번호	존명尊名	오른손의 지물				왼손의 지물				신체색	승물
		첫째손	둘째손	셋째손	넷째손	첫째손	둘째손	셋째손	넷째손		
099	바이라바	滴印*	방울	다말북	칼	滴印	팔缺	카트반가	방패	청색	不明
100	차문다	滴印	삼지창	다말북	칼	滴印	缺	카트반가	방패	살색	인간**
101	시바	滴印	삼지창	다말북	칼	滴印	缺	밧줄	방패	흰색	소
102	마하락슈미	滴印	화살	원반	칼	滴印	활	봉	방패	황색	사자
103	인드라니	滴印	缺	금강	缺	滴印	缺	밧줄	방패	적색	코끼리
104	바이슈나비	滴印	삼지창	원반	缺	滴印	타르쟈니印 또는缺	缺	방패	녹색	가루다
105	루드라니	滴印	缺	원반	缺	滴印	팔缺	팔缺	팔缺	황색	사자
106	브라흐마니	滴印	화살	缺	缺	滴印	타르쟈니印 또는缺	밧줄	방패	황색	한사조
107	바라히	滴印	缺	봉·(?)	缺	滴印	타르쟈니印 또는缺	缺	방패	살색	물소
108	카우마리	缺	缺	다말북	缺	缺	타르쟈니印 또는缺	缺	방패	살색	공작

*오른쪽 첫째손이 든 두개골 잔과 왼쪽 첫째손의 〈물방울을 두 개의 손으로 팅긴다〉는 표시가 적인滴印(빈두무드라bindumudrā)을 구성한다.

**인간인지 사체인지 아귀인지 분명치 않음.

[표 7] 물 쵸크 서쪽 벽의 팔모신과 여덟 바이라바

그림 번호	존 명 尊 名	오른손의 지물				왼손의 지물				신체색	승물
		첫째손	둘째손	셋째손	넷째손	첫째손	둘째손	셋째손	넷째손		
242	마하락슈미	滴印	삼지창	염주	칼	滴印	다말북	파레스반*	방패	주황/백색	사자
243	인간을 탄 바이라바	滴印	금강	화살	缺	滴印	항아리	활	방패	청색	인간
244	차문다	滴印	삼지창	다말북	칼	滴印	방울	카트반가	방패	백색	인간
245	말을 탄 바이라바	滴印	법라패	다말북	칼	滴印	원반	밧줄	방패	적색	말
246	인드라니	滴印	삼지창	우산	칼	滴印	밧줄	금강	방패	담청색	코끼리
247	소를 탄 바이라바	滴印	다말북	갈고리	칼	滴印	라트나 카차	불꽃	방패	황색	소
248	바라히	滴印	삼지창	곤봉	칼	滴印	밧줄	활	빙패	백색	물소
249	뱀을 탄 바이라바	滴印	염주	화살	칼	滴印	缺	뱀	방패	살색	뱀
250	바이슈나비	滴印	삼지창	원반	칼	滴印	밧줄	불꽃거울	방패	백색	가루다
251	가루다조를 탄 바이라바	滴印	법라패	화살	칼	滴印	곤봉	활	방패	백색	가루다
252	카우마리	滴印	삼지창	짧은 창	칼	滴印	밧줄	염주	방패	분홍색	공작
253	산돼지를 탄 바이라바	滴印	다말북	원반	칼	滴印	카트반가	라트나 카차	방패	귤색	산돼지
254	루드라니	滴印	삼지창	다말북	칼	滴印	짧은 창	缺	방패	살색	소
255	개를 탄 바이라바	滴印	뱀	금강	칼	滴印	缺	봉	방패	흰색	개
256	브라흐마니	滴印	삼지창	다말북	칼	滴印	밧줄	경	방패	황색	한사조
257	사체를 탄 바이라바	滴印	뱀	봉(?)	칼	滴印	라트나 카차	도끼	방패	흑색	사체

* New. palesvān. 별 모양의 것이지만 무엇을 본뜬 것인지는 불명.

331 두개골 잔

[표 8] 오라크 가네슈 사원의 팔모신과 여덟 바이라바(그림 278 참조)

그림 번호	존 명 尊 名	오른손의 지물				왼손의 지물				신체색	승물
		첫째손	둘째손	셋째손	넷째손	첫째손	둘째손	셋째손	넷째손		
278-3	마하락슈미	滴印	缺	팔缺	칼	滴印	꽃	무사라*	방패	적색	사자
-4	인간을 탄 바이라바	滴印	다말북	염주	칼	滴印	칼트리도	방울	방패	청색	인간
-5	브라흐마니	滴印	금강	염주	칼	滴印	방울	경협經篋	방패	황색	한사조
-6	사자를 탄 바이라바	滴印	금강	다말북	칼	滴印	방울	칼트리도	방패	적색	사자
-7	마헤슈바리	滴印	염주	缺	칼	滴印	缺	缺	방패	백색	소
-8	개를 탄 바이라바	滴印	缺	타르쟈니印	칼	滴印	缺	곤봉	방패	청색	개
-9	카우마리	滴印	不明	缺	칼	滴印	不明**	缺	방패	적색	공작
-10	산돼지를 탄 바이라바	滴印	칼트리도	삼지창	칼	滴印	타르쟈니 印 또는 缺	밧줄	방패	황색	산돼지
-11	바이슈나비	滴印	원반	缺	칼	滴印	법라패	팔缺	방패	녹색	가루다
-12	가루다조를 탄 바이라바	滴印	칼트리도	다말북	缺	滴印	缺	칼트리도	방패	적색	가루다
-13	바라히	滴印	缺	타르쟈니印	칼	滴印	타르쟈니印	缺	방패	적색	물소
-14	뱀을 탄 바이라바	滴印	원반	밧줄(?)	칼	滴印	염주	칼트리도	방패	녹색	뱀
-15	인드라니	滴印	염주	타르쟈니 印 또는 缺	칼	滴印	타르쟈니 印 또는 缺	칼트리도	방패	적색	코끼리
-16	소를 탄 바이라바	滴印	缺	缺	칼	滴印	蓮華	칼트리도	방패	백색	물소
-17	차문다	滴印	칼트리도	타르쟈니 印 또는 缺	칼	滴印	방울(?)	타르쟈니 印 또는 缺	방패	적색	인간
-18	말을 탄 바이라바	滴印	곤봉(?)	밧줄(?)	칼	滴印	타르쟈니 印 또는 缺	칼트리도	팔缺	청색	말

*Skt. musala. 쌀 찧는 막대. **지물의 상부가 결여되어 있으므로 불명.

[표 9] 이카라크 바이라브 사원의 팔모신과 여덟 바이라바(그림 279 참조)

그림 번호	존 명 尊 名	오른손의 지물		왼손의 지물		신체색	승물
		첫째손	둘째손	첫째손	둘째손		
279-2	카우마리	滴印	염주	滴印	짧은 창	적색	공작
-3	산돼지를 탄 바이라바	滴印	칼	滴印	방패	담청색	산돼지
-4	바이슈나비	滴印	염주	滴印	곤봉	담청색	가루다조
-5	가루다조를 탄 바이라바	滴印	칼	滴印	방패	담청색	가루다조
-6	바라히	滴印	곤봉	滴印	갈고리	적색	물소
-7	뱀을 탄 바이라바	滴印	칼	滴印	방패	백색	뱀
-8	인드라니	滴印	금강	滴印	우산	적색	코끼리
-9	소를 탄 바이라바	滴印	칼	滴印	방패	적색	소
-10	차문다	滴印	칼	滴印	방패	적색	인간
-11	말을 탄 바이라바	滴印	칼	滴印	방패	황색	말
-12	마하락슈미	滴印	칼	滴印	방패	적색	사자
-13	인간을 탄 바이라바	滴印	칼	滴印	방패	적색	인간
-14	브라흐마니	滴印	염주	滴印	경함經函	황색	한사조
-15	사자를 탄 바이라바	滴印	칼	滴印	방패	황색	사자
-16	마헤슈바리	滴印	다말북	滴印	삼지창	백색	소
-17	개를 탄 바이라바	滴印	칼	滴印	방패	적색	개

332 법라패

[표 10] 낙살 바가바티 사원의 팔모신과 여덟 바이라바(그림 283 참조)

그림 번호	존 명 尊 名	오른손의 지물		왼손의 지물		신체색	승물
		첫째손	둘째손	첫째손	둘째손		
015	루드라니	滴印	다말북	滴印	삼지창	백색	소
016	바이라바	滴印	다말북	滴印	라트나카차	청색	不明
017	카우마리	滴印	염주	滴印	경함經函	황색	공작
018	사자를 탄 바이라바	滴印	칼	滴印	방패	적색	사자
019	차문다	滴印	칼	滴印	방패	청색	인간
020	뱀을 탄 바이라바	滴印	삼지창	滴印	뱀	백색	뱀
021	바라히	滴印	갈고리	滴印	물고기	적색	물소
022	말을 탄 바이라바	滴印	곤봉	滴印	밧줄	황색	말
023	마하락슈미	滴印	칼	滴印	방패	황색	사자
024	인간을 탄 바이라바	滴印	삼지창	滴印	물고기(?)	황색	인간
025	바이슈나비	滴印	원반	滴印	법라패	녹색	가루다조
026	개를 탄 바이라바	滴印	다말북	滴印	깃발	청색	개
027	인드라니	滴印	금강	滴印	우산	백색/살색	코끼리
028	가루다조를 탄 바이라바	滴印	도끼	滴印	삼지창	녹색	가루다조
029	브라흐마니	滴印	염주	滴印	라트나카차	적색	한사조
030	산돼지를 탄 바이라바	滴印	곤봉	滴印	방울(?)	청색	산돼지

List of Figures

Sanskrit words are transcribed according to the internationally recognized method; Nepali proper names are often given in their Anglicized spellings.

333 짧은 창(샥티)

334 칼트리도(刀)

335 삼지창

336 다말북

338 이중금강

339 경함經函

340 갈고리

문헌 목록

1—石井溥 編《もっと知りたいネパール》弘文堂, 1986年.

2—立川武蔵 〈密教へのアプローチ(1) イソド學的アプローチ—シヴア とヘールカ—〉《密教の文化》宮坂・梅原・金岡=編, 春秋社, 1977年.

3—立川武蔵 〈カトマンズのナクサール・バガヴァティー寺〉《YAK》 第二號, アジア・アフリカ言語文化研究所, 1978年.

4—立川武蔵・石黑淳・菱田邦男・島岩《ヒンドゥーの神々》せりか書房, 1980年.

5—立川武蔵 〈カトマンズの神がみ〉,《季刊民族學》第二十六號, 1983年.

6—立川武蔵 〈金剛ターラーの觀想法〉《町田甲一先生古稀記念會編 論 叢佛教美術史》吉川弘文館, 1986年 a.

7—立川武蔵 〈カトマンドゥにおける八母神と八バイラヴア〉《密教圖像》 第四號, 法藏館, 1986年 b.

8—立川武蔵《空の構造》, 第三文明社, 1986年 c.

9—立川武蔵 〈曼荼羅の神々〉ありな書房, 1987年.

10—立川武蔵 〈ヨーガの哲學〉講談社現代新書, 1988年.

11—立川武蔵 〈生と死を包攝する母神〉《生と死の文化史》川崎壽彦・ 木谷勤=編, 名古屋大學出版會, 1989年.

12—田村仁他《ヒマラヤ佛教王國 2, 密教曼陀羅界》三省堂, 1986年.

13—C・G・ユング《心理學と鍊金術 I》池田紘一・鎌田道生=譯, 人文 書院, 1976年.

14—C・G・ユング《元型論》林道義=譯, 紀伊國屋書店, 1982年.

15—Auer, Gerhard & Gutschow, Niels: *Bhaktapur*, Technische Hochschule Darmstadt, Darmstadt, 1974.

16—Bangdel, Lain S.:*The Early Sculptures of Nepal*, Vikas Puvlishing House, New Delhi, 1982.

17 —Blair, Katherine, D.:4 *Villages: Architecture in Nepal*, Craft and Folk Art Museum, Los Angeles, 1983.

18 —Buddhisagaraśarman : Devatācitrasaṃgraha, Virapustaka Alaya, Kathmandu, 1926.

19 —Cooper, J.C.:*An Illustrated Encyclopaedia of Traditional Symbols*, Thames and Hudson, London, 1978.

20 —Dagyab, Loden Sherap:*Tibetan Religious Art*, Otto Harrassowitz, Wiesbaden, 1977.

21 —Das, H.C.:*Tāntricism*, Sterling Publishers Private Limited, New Delhi, 1981.

22 —Dehejia, Vidya: *Early Stone Temples of Orissa*, Vikas Publishing House, New Delhi, 1979.

23 —Deheja, Vidya:*Yoginī Cult and Temples*, National Museum, New Delhi, 1986.

24 —D.M.:Dēvīmāhātmya, 게재 번호는 Agrawala, V.S.:*The Glorification of the Great Goddess*, All-India Kashiraj Trust, Varanasi, 1963 에 의함.

25 —Donaldson, Thomas, E.:*Hindu Temple Art of Orissa* Vol.1. Brill, Leiden, 1985.

26 —Ehrhardt, Alfred:*Niederdeutsche Madonnen*, Verlag Heinrich Ellemann, Hamburg, 1941.

27 —Fergusson, J. & Burgess, J.:*The Cave Temples of India*, Oriental Books Reprint Cooperation, Delhi, 1969,(1st ed.:1880)

28 —Fischer, Klaus: *Erotik und Askese in Kult und Kunst der Inder*, DuMont Buchverlag, Köln, 1979.

29 —Grimme, Ernst Günther: *Deutsche Madonnen*, DuMont, Köln,

341 밧줄

인류의 마지막 수수께끼, 혼백(魂魄)을 풀다!

유사 이래 사람들은 정신이 곧 영혼이라 믿어 왔다. 하지만 그것만으로는 도무지 풀리지 않는 무엇이 있다. 그걸 찾고자 철학자들은 "너 자신을 알라!"며 끝없이 추궁을 해대고, 불교에서는 '참나'를 찾는다고 누천년을 수색해 왔지만 아직도 딱히 명확한 실체를 제시하지 못하고 모호하고 신령스런 어떤 것으로 얼버무리고 있다.

과연 영혼이란 무엇인가? 그리고 마음은 어디에 숨었단 말인가? 죽어서 우리 영혼이 넘어갈 저승 세계는 과연 있기나 한가? '혼백(魂魄)'은 어쩌면 인류가 그토록 찾아 헤매던 판도라의 마지막 상자가 아닐까? 인류 최초, 혼백(魂魄)으로 정신세계와 물질세계를 가른다!

- 산책의 기술, 사색의 비밀
- 걸어야 뇌(腦)가 산다
- 걷기만 잘해도 20년은 더 산다
- 도가비전양생기공 '호보(虎步)'
- 발끝으로 명상한다
- 혼백을 가르면 마음을 본다

- 마음을 알면 지혜의 문이 열린다
- 혼백을 알면 귀신을 본다
- 인류 최초의 야바위 귀신놀음
- 신성한 모든 것은 진실이 아니다
- 혼을 넣고 빼는 비밀
- 귀신을 보고 만들고 부리는 법
- 귀신도 몰랐던 귀신 이야기

신성대(辛成大)

1954년 경남 영산(靈山) 출생으로 16세에 해범 김광석 선생에게서 조선의 국기인 무예 십팔기(十八技)를 익히고, 이후 40여 년 동안 십팔기의 전승과 보급에 힘써 왔다. 현재 (사)전통무예십팔기보존회 회장으로 십팔기와 더불어 수행법, 도인양생공을 지도하고 있다. 저서로는 《무덕(武德)-武의 문화, 武의 정신》《품격경영(상/하)》《자기 가치를 높이는 럭셔리 매너》《나는 대한민국이 아프다》 등이 있다.

귀신부리는 책

혼백론

인류 최초로 공개되는 혼백론(魂魄論), 귀신론(鬼神論)

만약 귀신(鬼神)이 없었다면, 신(神)이 없었다면 인류 문명은 지금 어떤 모습일까? 귀(鬼)는 무엇이고, 신(神)은 무엇인가? 인간의 정신(精神)은? 그리고 혼백은? 혼(魂)과 백(魄)은 같은가, 다른가? 영혼(靈魂), 혼령(魂靈), 심령(心靈), 정령(精靈)… 다 그게 그건가? 초문명의 시대, 이런 것 하나 제대로 정리도 안해 놓고 천당이니 지옥이니, 윤회니 해탈이니 하면서 무조건 엎드리라고만 하는데 과연 믿어도 될까? 혼백과 귀신을 모르고는 그 어떤 종교도 철학도 진리(지혜)에 이를 수 없다.

인간은 자신을 속이는 유일한 동물이다. 인간에겐 '헛것'이 가장 크고, '없는 것'이 가장 무겁다. 버리기 전에는 절대 못 느낀다. 그렇지만 '있는 것'은 버려도 '없는 것'은 못 버리는 게 인간이다. 수행은 그 '없는 것'을 버리는 일이다.

본서는 특정한 종교나 방술, 신비주의를 선전코자 쓴 책이 아니다. 오로지 건강한 육신에 건강한 영혼이 깃든다는 명제 아래 유사 이래 인간이 궁금해하던 것, 오해하고 있던 오만가지 수수께끼들을 과학적이고 논리적인 관점에서 풀어냈는데, 이미 많은 독자들이 "왜 진즉에 이 생각을 못했을까!"하고 탄식을 하였다. 더하여 수행자는 물론 일반인의 건강과 치매 예방을 위해 사색산책법, 호보(虎步), 축지법(縮地法), 박타법(拍打法) 등 갖가지 무가(武家)와 도가(道家)의 비전 양생법들도 최초로 공개하였다. 이제까지 아무도 말해 주지 않았던 비밀한 이야기들로 한 꼭지 한 꼭지가 수행자나 탐구자들이 일생을 통해 좇아다녀도 얻을 수 있을까말까 하는 산지혜들이다. 문명의 탄생 이래 인류가 감춰야만 했던 엄청 불편한 진실 앞에 '천기누설'이란 단어를 절로 떠올리게 된다.

東文選

신성대 지음/ 상·하 각권 19,000원/ 전국서점 판매중

1966.

30 —Gupta, S.P.:*Masterpieces from the National Museum Collection*, National Museum, New Delhi, 1985.

31 —Gupte, R.S.:*Iconography of the Hindus, Buddhists and Jains*, D.B. Traporevala Sons & Co., Bombay, 1972.

32 —Gutschow, Niels:Stadtraum und Ritual der newarischen Städte im Kāṭhmāṇḍu-Tal, Kohlhammer, Stuttgart / Berlin / Köln / Mainz, 1982.

33 —Harle, J.C.:*Gupta Sculpture*, Clarendon Press, Oxford, 1974.

34 —Joshi, Mahādeva'sāstrī:*Bhāratīya Saṃskṛtikośa* Vol.2, Bharatiya Saṃskṛtikośa Maṇḍala, Poona, 1972.

35 —Joshi, N.P.:Mātṛkās, *Mothers in Kuṣāṇa Art*, Kanak Publications, New Delhi, 1986.

36 —Jung, C.G.:*Four Archetypes*, Ark Paperbacks, London /New York, 1986.

37 —Kinsley, David:*Hindu Goddesses*, Motilal Banarsidass, Delhi, 1987.

38 —Kolenda, Pauline:〈Pox and the Terror of Childlessness:Images and Ideas of the Smallpox Goddess in a North Indian Village〉, *Mother Worship*(ed.by Preston, James J.), The University of North Carolina Press, Chapel Hill, 1982.

39 —Krishna Sastri, H.:*South-Indian Images of Gods and Goddesses*, Bhartiya Publishing House, Delhi, 1974.

40 —le Bon, Gustave:*Voyage au Nepal*, White Orchid Press, Bangkok, 1981.

41 —Macdonald, A.W. & Stahl, Anne Vergati: *Newar Art*, Vikas Publishing House, New Delhi, 1979.

42 —Mode, Heinz: *The Harappa Culture and the West*, Calcutta Sanskrit College Research Series, No.XVI, Sanskrit College, Calcutta, 1961.

43 —Mookerjee, Ajit: *Ritual Art of India*, Thames and Hudson, London, 1985.

44 —Mookerjee, Ajit: *Kali the Feminine Force*, Thames and Hudson, London, 1988.

45 —Nippon Institute of Technology: *The Royal Buildings in Nepal*, Nippon Institute of Technology, Saitama, 1985.

46 —Plaeschke, Herbert and Ingeborg: *Hinduistische Kunst*, Verlag Hermann Böhlaus Nachf., Wien/Köln/Graz, 1978.

47 —Prakash, Buddha: *Ṛgveda and the Indus Valley Civilization*, Vishveshvaranand Institute, Hoshiarpur, 1966.

48 —Pruscha, C.: *Kathmandu Valley, The Preservation of Physical Environment and Culture Heritage, A Protective Inventory* (2 vols.), Vienna, 1975.

49 —Rao, S.K.Ramachandra: *Pratima-Kosha* Vol.1, IBH Prakashana, Bangalore, 1988.

50 —Rao, T.A.Gopinatha: *Elements of Hindu Iconography* (2nd. rpt.), Motilal Banarsidass, Delhi, 1985, (lst. ed.:1914)

51 —Shastri, J.L. (ed.): *Brahmāṇḍa Purāṇa*, Motilal Banarsidass, 1973.

52 —Skorupski, Tadeusz: *The Sarvadurgatipariśodhana Tantra*, Motilal Banarsidass, Delhi, 1983.

53 —Slusser, Mary Shepherd: *Nepal Mandala, A Cultural Study of the Kathmandu Valley* (2 vols.), Princeton University Press, Princeton, 1982.

54 —Stutley, Margaret and James: *A Dictionary of Hinduism*, Rou-

342 깃발

문헌 목록

1—石井溥 編《もっと知りたいネパール》弘文堂, 1986年.

2—立川武蔵 〈密教へのアプローチ(1) イソド學的アプローチ——シヴァ とヘールカ——〉《密教の文化》宮坂・梅原・金岡＝編, 春秋社, 1977年.

3—立川武蔵 〈カトマンズのナクサール・バガヴァティー寺〉《YAK》 第二號, アジア・アフリカ言語文化研究所, 1978年.

4—立川武蔵・石黑淳・菱田邦男・島岩《ヒンドゥーの神々》せりか書房, 1980年.

5—立川武蔵 〈カトマンズの神がみ〉,《季刊民族學》第二十六號, 1983年.

6—立川武蔵 〈金剛ターラーの觀想法〉《町田甲一先生古稀記念會編 論 叢佛教美術史》吉川弘文館, 1986年 a.

7—立川武蔵 〈カトマンドゥにおける八母神と八バイラヴァ〉《密教圖像》 第四號, 法藏館, 1986年 b.

8—立川武蔵《空の構造》, 第三文明社, 1986年 c.

9—立川武蔵 〈曼茶羅の神々〉ありな書房, 1987年.

10—立川武蔵 〈ヨーガの哲學〉講談社現代新書, 1988年.

11—立川武蔵 〈生と死を包攝する母神〉《生と死の文化史》川崎壽彦・ 木谷勤＝編, 名古屋大學出版會, 1989年.

12—田村仁他《ヒマラヤ佛教王國 2, 密教曼陀羅界》三省堂, 1986年.

13—C・G・ユング《心理學と錬金術 I》池田紘一・鎌田道生＝譯, 人文 書院, 1976年.

14—C・G・ユング《元型論》林道義＝譯, 紀伊國屋書店, 1982年.

15—Auer, Gerhard & Gutschow, Niels: *Bhaktapur*, Technische Hochschule Darmstadt, Darmstadt, 1974.

16—Bangdel, Lain S.:*The Early Sculptures of Nepal*, Vikas Puvlishing House, New Delhi, 1982.

17 —Blair, Katherine, D.:4 *Villages: Architecture in Nepal*, Craft and Folk Art Museum, Los Angeles, 1983.

18 —Buddhisagaraśarman : Devatācitrasaṃgraha, Virapustaka Alaya, Kathmandu, 1926.

19 —Cooper, J.C.:*An Illustrated Encyclopaedia of Traditional Symbols*, Thames and Hudson, London, 1978.

20 —Dagyab, Loden Sherap:*Tibetan Religious Art*, Otto Harrassowitz, Wiesbaden, 1977.

21 —Das, H.C.:*Tāntricism*, Sterling Publishers Private Limited, New Delhi, 1981.

22 —Dehejia, Vidya: *Early Stone Temples of Orissa*, Vikas Publishing House, New Delhi, 1979.

23 —Deheja, Vidya:*Yoginī Cult and Temples*, National Museum, New Delhi, 1986.

24 —D.M.:Dēvīmāhātmya, 게재 번호는 Agrawala, V.S.:*The Glorification of the Great Goddess*, All-India Kashiraj Trust, Varanasi, 1963 에 의함.

25 —Donaldson, Thomas, E.:*Hindu Temple Art of Orissa* Vol.1. Brill, Leiden, 1985.

26 —Ehrhardt, Alfred:*Niederdeutsche Madonnen*, Verlag Heinrich Ellemann, Hamburg, 1941.

27 —Fergusson, J. & Burgess, J.:*The Cave Temples of India*, Oriental Books Reprint Cooperation, Delhi, 1969,(1st ed.:1880)

28 —Fischer, Klaus: *Erotik und Askese in Kult und Kunst der Inder*, DuMont Buchverlag, Köln, 1979.

29 —Grimme, Ernst Günther: *Deutsche Madonnen*, DuMont, Köln,

341 밧줄

tledge & Kegan Paul, London and Henley, 1977.

55 ——Tachikawa, Musashi:⟨A Hindu Worship Service in Sixteen Steps ——Shoḍaśa-upacāra-pūjā —⟩, *Bulletin of the National Museum of Ethnology, Osaka*, Vol.8, No.1, 1983.

56 ——Tachikawa, Musashi:⟨Materials for Iconographic Studies of the Eight Mother-Goddesses in the Kathmandu Valley, Part 1: Plates⟩, *Anthropological and Linguistic Studies of the Gandaki Area in Nepal*, Monumenta Serindica, No.12, Institute for the Study of Languages and Cultures of Asia and Africa, 1984.

57 ——Tachikawa, Musashi: ibid., Part 1-(2), *Anthropological and Linguistic Studies of the Gandaki Area in Nepal*, Monumenta Serindica, No.15, 1986.

58 ——Tachikawa, Musashi: *An Ancient Indian Homa Ritual*, the Department of Indian Philosophy, Nagoya University, Nagoya, 1985.

59 ——Tucci, G.:*Rati Lila*, (tr. into English by J.Hogarth), Nagel Publishers, Geneva /Paris /Munich, 1968.

60 ——van Kooij, Karel Rijk:*Religion in Nepal*, Institute of Religious Iconography, State University Groningen, Leiden, E. J. Brill, 1978.

61 ——Zimmer, Heinrich:*Myths and Symbols in Indian Art and Civilization*, Princeton University Press, Princeton, 1972.

색 인

343 항아리

344 물병

동문선

《얀 이야기》 ⓒ 2000 JUN MACHIDA

ⓒ金龜山, 1993, Printed in Seoul, Korea

여신들의 인도

초판발행 ┄┄┄┄ 1993년 6월 20일

지은이 ┄┄┄ 立川武蔵
옮긴이 ┄┄┄ 金龜山
펴낸이 ┄┄┄ 辛成大
펴낸곳 ┄┄┄ 東文選
　　　제10~64호 1978·12·16 등록
　　　서울 용산구 문배동 40~21
　　　〔대표전화〕719~4015

편집설계 ┄┄┄┄ 韓仁淑
인쇄 ┄┄┄┄ 약업신문사
제본 ┄┄┄┄ 원진제책사